U0001013

侘寂

追求不完美的日式生活美學

Wabi Sabi

Japanese Wisdom For a Perfectly Imperfect Life

To my family.

I love you just the way you are.

獻給我的家人。

我愛你們原本的樣子。

書中日文的使用說明

本書中的日文名字由英文翻譯成中文時，大多經過查證，有些是歷史人物、作家，有些是政府官員、學者，或者曾經在網路報導中可以找到的名人。少數為較不知名的人物，才會以音譯的名字呈現。此外，日文名與中文名一樣，姓氏在前，名在後，如「中田英壽」。若該位日本人有外國姓氏（例如與外國人結婚後冠夫姓），仍採姓氏在前，名在後，但會在兩者中間加「·」，如「哈斯汀·真起子」（Makiko Hastings）。

書中的長音符號用來標示長母音；例如「ū」表示延長的「uu」。地名亦然，即使它們為人熟知的名字是沒有長音符號的，例如「Tōkyō」（東京）和「Kyōtō」（京都）。

目次

前言

FOREWORD BY HIDETOSHI NAKATA

中田英壽 *

---

* 中田英壽（1977-），日本職業足球選手，有日本國寶之稱，曾兩度參加
   奧運、三度參加世足賽，後來加入義大利與英格蘭的職業足球隊。2006年
   宣布引退，於2016年開設了一家高級清酒釀製廠。

二十一歲那年，我離開日本，闖進廣大的世界。身為一位職業足球選手，我在義大利甲級聯賽與英格蘭足球超級聯賽踢球的八年，是我運動生涯最重要的一段時日。作為一個人，住在國外的八年讓我體認到踏出熟悉圈可以如何打開我們的眼界與心靈。

　　那一段時間裡，我先是很努力地學習義大利語，後來是英語。我學的愈多，愈發現語言如何開啟其他文化之窗，以及可以如何連接一段段一輩子的友誼。

　　2006年世足賽結束後，我從足球場上退役，接下來的幾年，我遊歷世界各地，遇見各行各業的人們。每到一個地方，人們總是告訴我，他們對日本很感興趣。他們問我各式各樣的問題，很多我都答不出來。當時我才發覺，雖然我身為日本人，但尚未能真正欣賞自己文化的博大精深。我想了解是什麼吸引了世界各地的人們，所以我決定回到日本，自己來發現。

　　我帶著一個問題：「什麼是文化？」食的文化、流行文化、日本文化……我想要更了解這個概念。當人們使用「文化」這個字眼，他們指的是一群人在一段時間裡追隨的某種生活方式 —— 我們藉由自己的生活方式創造出來的東西。所以我決定去拜訪人，而不是拜訪地方。

　　接下來的七年，我探索了日本的每個角落，拜訪全日本四十七個縣，與藝術家、農夫、清酒釀造師、禪宗

僧侶、神道教住持以及當地人共度許多時光。而當我展開日本文化學習之旅時，最終學到了生活。

每當我在日出前醒來，和農人一起去收割他的稻米、在落雨前深深吸進空氣的味道，或者看著工匠利用他們附近生長出來的素材，創造出美的事物，我體會到與大地和諧共處的意義。剛從枝葉上採下的多汁水果、剛捕獲的鮮魚、一絲不苟釀造出來的清酒——每一次親嘗、每一口小啜，我學到如何真正地品味。

隨著時間流逝，我發覺自己掉進了鄉村生活的節奏，這個節奏，是日本的季節與大自然的節奏。住在城市裡，我們能接觸到這麼多美好的事物，然而，同時，我們也與大自然分離了，而且，人造環境會吸走我們的能量。我在鄉下待了數個月後，才意識到自己多麼煥然一新。我變得更有能量、更警醒、更快樂。

當我們隔離了自然，大自然就變成某種我們想要操弄與控制的東西。但大自然能在任何時刻釋放它令人敬畏的力量。我深信，當我們能與自然和平共存，敬重它，跟隨它的節奏，我們便能感覺到最好的狀態，欣賞每一天、每一刻。

侘寂與這種自然的根本關係緊密地交織著。它是關於接受萬事萬物的轉瞬即逝，以及用所有的感官體會生命。我希望這本書能帶給你靈感，找到你自己的溫柔節奏，在你所在之處發現幸福。

認識貝絲超過十二年，並且知道她作為一個日式生活學習者的承諾，我知道她是最適合帶領你踏上這段旅程的人。

中田英壽

東京，2018

引言

INTRODUCTION

這是寒冷的十二月一個夜裡的京都，日本的古都。我在黑暗中騎著自行車繞行青蓮院；青蓮院是位於東山腳一隅，遠離觀光步道的一座小寺院。今天晚上，寺院的花園點亮了一些燈，微弱的燈光在柏樹的剪影與迷幻的竹叢之間，編織出一段神祕的故事。

我脫下鞋子，走進室內，踏上擦得光亮的地板，這片地板已有八百年歷史，在它上面匆匆來去的腳步與裙裾不知凡幾。寬闊的地板來自皇宮，因歲月而斑駁、黯淡。我在環繞的迴廊靠後面的地方坐了下來，腳趾頭因嚴寒而麻木，呼出的氣息在我眼前形成一道白煙。

香煙裊裊瀰漫在空中。聞起來像是紫色，一種我無法描述的氣味。遍布花園的小燈泡忽明忽暗，有如上千顆星星一起呼吸。不過十分鐘路程的地方，娛樂區祇園正被興奮的遊客、酩酊的商人和慇懃的藝妓擠得水洩不通。而在這裡，在這座城市東緣一段狹窄的坡道上，我找到了寧靜。

頭頂上一輪明月穿過樹林，將銀色的魔法灑遍了池塘。落葉在池塘表面滑動，錦鯉在牛奶般的池水下潛游。一個星期後，這些樹枝會變得光禿禿的 。一個月後，也許會披上一層雪。

我拾起一片落下的紅葉，是勃艮第酒的桃紅，葉緣有些捲起。這是一件珍寶，既皺且薄，像是我祖母的手背。我心裡的一個角落突然打開。此刻，我擁有我需要

的一切。我感到相當滿足，夾雜著轉瞬即逝的感傷。

這即是「侘寂」的世界。

發現侘寂

「侘寂」是日本美學觀與溫和天性的根本。它是帶領日本人體驗人生的世界觀，雖然很少被討論到。它的影響力無所不在，儘管遍尋不著。人們本能地知道侘寂代表的概念是什麼，但很少有人能夠清楚地描述出來。侘寂是一個令人著迷的謎，對願意放慢步調探究並且打開心房接近它的人，必然會悄悄吐露強而有力的智慧。

我已來到日本超過二十年，當中幾乎三分之一的時間住在這裡。我對日本人一直保有的好感，與我在地球另一邊的成長經驗相反。我讓自己沉浸在這個文化之中，與不會講英語的日本家庭住在一起，在日本企業與地方政府的複雜世界裡工作，花了超過一萬小時在這片土地上廣泛地旅行與學習。然而，儘管如此，侘寂這個精神概念的真正定義，依然難以捉摸。我能感受它，但如果要解釋它，便詞窮了。

很多非日本人在我之前鑽進了侘寂的世界，大部分的人專注於有形的特質，以及與這個概念有關的環境。然而，那些解釋總是無法滿足我的期望。我一直認為，侘寂比我們被引導所認為的更為深遂，而且在生活中的

許多領域裡流動。直到我開始為這本書做研究，才意識到這條河有多深。

為什麼談侘寂？

最近幾年，社會的腳步變快了，我們的壓力水平衝破了天花板，大家愈來愈執著於金錢、職銜、外表，以及無止境的物質累積。當我們愈努力、愈忙於應付各項事務，我們不滿的情緒愈高漲。我們工作負荷超載、過度緊繃，而且不知所措。

我曾經花了黃金十年幫助他人重新調整優先順序，建造一種專注於做自己喜歡的事的人生，我看過太多人因為過度承諾、不停比較、批評與負面的自我對話而傷身。我們夢遊般地過日子，五官鈍化，花費大部分的時間宅在室內，關心名人、廣告與社群媒體，而不是探索自己生命裡一切豐富的可能性。

已經有一段時間，我聽見日益增加的不滿聲，一種緩慢的革命，呼籲與提倡一種比較簡單、更有意義的生活。一種充滿美、與大自然連結的生活，與每天的幸福能量一同跳動，並且建構一個身邊圍繞對我們真正重要事物的人生。愈來愈多身心俱疲、生命遲滯、不快樂的人來找我，讓我愈加感覺到需要尋找一種迎接挑戰的新方法，以及容易取得的工具，幫助我們過一種更真實、

更具啟發性的人生。

這讓我想起日本文化底蘊中的優雅、沉潛與感知，這是我在其他地方未曾體驗過的，在文化和服的袖子裡，收藏了人生的教訓與啟示。我懷疑它與侘寂難以捉摸的概念有關，所以我決定要發掘這個隱藏的真相。

定義無法定義的

如我之前所說，試圖清楚說出侘寂的定義是一個很弔詭的挑戰。它有點像是愛──我可以告訴你，我對它的想法，以及它給我的感覺，但只有當你自己感覺到它的時候，你才會真正知道。幾乎毫無例外，我與日本人談到這個話題時，一開始都是這樣：「侘寂？嗯……這很難解釋。」而事實是，大部分的人從來沒有想要清楚描述它，也不覺得有此必要。他們和侘寂一起長大。它是他們巡航這個世界、欣賞美的方式。它內建在他們現在的模樣裡。

然而，面對困難，我從來不退縮，我堅持不懈。實際上，我等著、看著，並且傾聽。我給人們愈多時間探索這個對他們如此熟悉卻無法言說之事的意義，它就變得愈加有趣。有人開始使用隱喻、手勢，或者歪著頭思考。有人把手放在心窩上，沉吟好一段時間，重複提到茶、禪與自然。這些對話幾乎總是這麼結束：「我會想

讀你的書。」

　　事實上，在日語裡，對「侘寂」沒有通行的定義。任何表達它的嘗試，都只能來自於解釋者的角度。

　　我自己的角度，是一個特殊的視角——日本學研究者兼人生教練。在我嘗試將侘寂的原則蒸餾成一系列可行的生命課程的過程中，我與各行各業的人交談、翻閱老圖書館的書頁、造訪博物館、在成蔭的寺院中靜坐冥想、將茶杯捧在手心、在大自然中流連，並且在歷史悠久的日本老建築中逡巡。經過數以百計的對話與廣泛的研究後，我精心製作出一組指引原則，希望是對我們所有人寶貴的啟示。你可以在這本書裡找到它們全部。

侘寂的祕密

　　慢慢抽絲剝繭的過程中，我理解到的是：侘寂真正之美不是在事物上，而是在生命本身的特質。

　　侘寂是對美的直覺反應，反映人生的本質。
侘寂是接受與欣賞萬物不恆常、不完美與不完整的本質。
　　侘寂是承認簡單、緩慢與自然生命的賜予。

　　侘寂是一種心的狀態。是一種深呼吸，緩慢的吐氣。在發自內心的欣賞時刻所感覺到的——在不完美世

界的完美時刻。當我們願意關注細節，陶冶愉悅，便能夠醞釀侘寂的精神。而當我們過著最真實、最受啟迪的生活時，我們正在體驗它。

這是真正活在其中來體驗這個世界，而不是站在一旁評論。這是讓謀略退位、讓感官展現。這是花時間留意世界。

侘寂強調的原則可以教導我們的人生啟示是放下對完美的執著，接受我們原本的樣子。這些原則提供工具，讓我們跳脫現代生活的繁亂與物質壓力，可以更容易感到滿足。並且提醒我們尋求日常生活中的美，讓我們受其感動，從而對生命本身感恩。

如何使用這本書

為了認識侘寂的深度與豐富性，我們從一段簡短的歷史課開始，為後面的內容預先鋪陳。由於這本書不是針對日本美學、歷史、文化、哲學或宗教的詳細論述，所有這些僅點到為止，僅指出它們在日本生活結構中的重要線索。更深入的閱讀或想要為自己的發現之旅找到更多靈感，請見第268頁的「參考書目」，以及第263頁的「日本旅遊參考」。

一旦我們對侘寂的起源有些概念，我們將探索它的特徵，給予我們詞彙去思考與談論它。接著，我們將看

看這個古老的智慧為什麼與我們今日生活如此相關。所有這些都包括在第一章裡，我鼓勵你先讀第一章。

> 侘寂的祕密在於透過感知的心看世界，而不是透過邏輯的腦。

從第二章開始，我會分享故事、啟示與建議，讓你生活中的每個領域都可以應用這個概念。你也許想要按照順序閱讀，或者偏愛根據你當下的心情任意翻閱。當然，閱讀本書並沒有完美的方法。你可以決定你需要的是什麼。

與我一起踏上旅程

這本書邀請你與我一起在異地當一個好奇的探險家。你要知道，在我身邊，你會很安全。我勾勒出的地圖將指引我們離開常人所走的路，走進曲折的小徑，穿過古老的木門，進入遠古森林，沿著蜿蜒的河流，深入群山之中。

偶爾，我們會停在路邊的茶室，稍做停留與沉思，搭上陌生人的車，從新朋友那裡聽到意想不到的智慧。有時候我們會邊走路邊唱歌，有時候我們會覺得疲憊。我們也許會停下來讓酸痛的身體浸入溫泉，或者因為降雪而安靜下來。有幾天，我們會和太陽一同起床；有幾天，我們要在星光下漫步。

在過程中，你將遇見熟悉的與未知的、全新的與舊有的。有些事物將挑戰你一向信以為真的基礎。沿途的每一步，我都會陪伴著你。

這本書邀請你在任何時刻歇息於你的生命之美中，卸除一切不必要的事物，以發現藏於其中的珍寶。

讓我們慢慢地前進，上窮碧落下黃泉，讓我與你分享這個古老的日本智慧。

侘寂的尋找即是通往生命核心本身的旅程。打開你的雙眼，擁抱即將到來的奧祕。

貝絲・坎普頓
京都，2018

第一章

所謂的「侘寂」：

起源、特徵與侘寂現今的意義

你有可能一輩子與一群日本人在一起,但從來沒有聽過他們大聲說出「侘寂」兩個字。如果你打開現今最具權威的日文詞典《廣辭苑》,是找不到「侘寂」這個詞的。[1] 個別的「侘」與「寂」有長串的詞條,但沒有這兩個字合起來的詞。不過它在口說中確實存在,也有少數的日文書談論它,但大體而言,它存在於心靈,而不是在紙上。我甚至想不起我第一次聽到它是什麼時候。彷彿是我在日本期間的淺移默化中,將侘寂哲學內化了。

如果你請一個日本人解釋「侘寂」,他們很可能知道它,但是,像我之前說的,他們得絞盡腦汁想出一個定義。不是他們不了解它;而是這份了解是直覺的,這反映了思考與學習方式的差異。除了死記硬背的學習,大部分日本人所吸收的一切,是透過眼睛所見與親身體驗。對一個有邏輯、理性思考的西方人而言,這可能很難理解。我們需要按部就班的操作方法與精確的解釋。然而,具體訊息與完整的解釋不是日本人的方式。若要真正欣賞這個文化中的智慧,我們必須知道,真正的訊息往往存在於沒有說出來的部分。

侘寂的起源

「侘寂」(日語發音為「Wabi sabi」,日文又寫做

「侘び寂び」[2]）的起源是兩個不同的字，兩者皆富含美學價值，在文學、文化與宗教上都有其根源。「侘」是一種心靈豐富與平靜，在簡樸中發現

> 這比較不關乎我們看見什麼，而比較關乎我們怎麼看。

美，而且與物質世界保持距離。「寂」則是與時間的流逝有關，是萬事萬物生長與衰敗的過程，以及歲月如何改變那些事物的視覺本質。

這兩個觀念在日本文化裡很重要，但也許更吸引人的，是它們結合成「侘寂」後所生成的意義。

背景

如果你願意，想像一下16世紀中葉的世界——這是遠航的歐洲人偉大的大航海時代，西班牙人與葡萄牙人開啟了全世界的貿易航線。這是殖民主義、重商主義的時代，許多國家都有國家經濟政策，以便盡可能地累積金銀財寶。

這個時候，達文西繪製〈蒙娜麗莎〉的畫筆才乾掉不久，在此之前幾十年的16世紀初，〈大衛〉才剛從米開朗基羅的大理石塊中成形。在英格蘭，莎士比亞正在撰寫他的最新力作。

中國在明朝的統治下國泰民安，科技上遙遙領先當

時的西方。當時的中國也是文化大國，據說中國朝廷的官員在正式場合上都會吟詩作對、寫寫書法，以一顯身手。

與此同時，中世紀晚期的日本正糾結於一整個世紀的戰亂與凋敝。經常發生的饑荒、祝融與天災，輪番荼毒這個國家；稅賦居高不下，貧窮隨處可見。社會如此分崩離析，許多尋常百姓在佛教裡尋求慰藉，對人們的生活方式產生重大的影響。

日本的天皇與朝廷還在，但是幕府將軍才擁有真正的權力。當時日本由稱之為「大名」的軍事封建領袖階級統治；他們建立地方性的領地，從新建的城堡發號施令，並且在城堡附近的城鎮招募武士，一方面保護他們，一方面雇用他們在軍隊中服役。

最高層級的武士受過良好的教育而且武藝高強，他們以對大名的極度忠誠與奉獻聞名於世。禪宗因為重視紀律與冥想，在武士之間很流行。當時的首都京都幾座大寺院是枯山水庭園的起源地，據說這些枯山水反映了自然的本質，而且能啟發深度的冥想。

許多武士培養了對茶道的興趣，一方面因為對身體的刺激 —— 茶能幫助他們於長時間的守衛期間保持警醒，一方面因為能在他們激烈戰鬥的生活中營造平靜與和諧時刻，對心靈有益。他們隨時準備赴死，所以在隨時可能結束的生命中，他們歡迎任何能欣賞美的機會。

這段時期，主要都市地區開始成長，日本正經歷商人階級的興起。他們靠著開錢莊借貸給武士來賺錢，因為武士的薪俸相當有限。這項行業遊走在法律邊緣，所以商人們是冒著財富隨時可能被沒收的風險來營利，這意味他們的心態也是被迫及時行樂。

如此一來，雖然許多平民百姓仍然過著相對貧窮的生活，統治階級與商人階級卻有揮霍無度的傾向。裝飾華美的城堡以飾金的屏風自豪。富人之間豪奢的社交活動很普遍，尤其是茶會。掌權者有收集中國茶碗與茶具的嗜好，而這也很快成為地位的象徵。敏銳的觀察者也許會注意到，茶作為一種精神經驗，與收集茶具作為一種炫富行為，兩者之間開始萌生衝突。

現在，當我們很快檢視茶的歷史時，請記住這個想法。

茶的連結

要探索「侘」這個字源，我們必須探究茶的世界。現今與茶道相連結的粉末狀綠色抹茶，直到1191年才抵達日本。它是在宋朝時，由一位僧侶榮西從中國帶回來的，據稱他是日本禪宗其中的一支——臨濟宗——的創始人。茶樹的種子被播撒在三個地方，包括京都附近的宇治，這裡在往後的數百年，一直是世界級的茶產區。

禪，以及茶的理想，在這個時期傳布得很快。

　　早在15世紀，僧侶——同時也是茶師——村田珠光便已意識到，備茶與喝茶的行為可以反映禪宗的理念，因此，他也被認為是茶道的始祖。（室町時代的幕府大將軍）足利義政是一位文化藝術的擁護者，他委託珠光制定了一套茶道，[3] 珠光利用這個機會，將茶帶到更深的層次。根據岡倉天心在他的半論文《茶之書》裡的說法，日本很快將「茶主義」的門派提升「到一種美學的宗教……這種美學主義是奠基於對日常粗糙現實之美的欣賞」。[4]

　　這種簡樸之美被另一位名為武野紹鷗的人進一步發揚光大，他在16世紀前半葉於兩位珠光的弟子門下學習。武野紹鷗是一位詩人，擅長以韻文的形式表達茶的理念。他為茶室做了一些革新，包括使用自然的素材，這後來對千利休有很大的影響：千利休是一位商人，也是日本著名的大名豐臣秀吉的茶師。

　　經過時間淬鍊，千利休成了眾所皆知真正的茶道宗師。

簡樸作為一種美學理想

　　到了16世紀後半葉，茶道成為富人炫耀財富的一種重要社交活動。豐臣秀吉豪奢的全金茶室裡，盡是大部

分自中國進口的昂貴茶具。同時，他自己的茶師千利休則靜靜地展開一場革新，將茶室的硬體空間大幅縮小，改變相關美學理念的基本原則，將一切回歸到真正的需求：聚會的空間、向自然致敬、茶壺與基本茶具——以及喝茶的時間。

在一個只比3平方公尺稍大的空間裡，千利休私密的茶室不到傳統茶室的一半。小小的窗戶將光線的光度減至最低，因此提高了客人視覺以外的感官經驗。主客之間的距離安排得如此之近，他們簡直可以聽到彼此的呼吸。

千利休以竹子做成的花器，取代昂貴的青瓷花瓶；以瓦匠長次郎製作的碗，[5] 取代高價的中國碗。他使用竹匙，而不用象牙匙；他也改做了一個其貌不揚的井用水桶，取代了奢華的銅製水容器。

千利休還做了一項重要的改變：在茶會開始時將所有的茶具拿出來，結束時全部收起來。這讓整個房間清爽簡潔，讓賓客能專注於泡茶的動作、精心挑選的季節花朵之細微自然美，以及懸掛在凹間引人遐思的詩意書法。這全是一種在特定時刻裡共享的體驗。

千利休一舉將茶文化從崇尚富裕變成崇尚簡樸。而與豐臣秀吉美學選擇的對比，可能更為赤裸。這是一個違反傳統與大眾喜好的大膽且激烈的舉措。在一個普羅大眾過著簡樸艱苦生活的時代，千利休譴責了統治階級

盛行的豪奢文化，將美學帶回到根本：一種啟發對自然生活本身的質樸與清貧之美。

「侘」的起源

雖然千利休並未發明茶道，他在生命的晚期，將茶道帶進了簡樸與自然之美的哲學中，直到今天仍在日本文化裡占有重要地位。千利休的茶後來被稱為「侘茶」。

「侘」（日文音「wabi」，也可寫做「侘び」）這個字，意思是「柔和的氣味」。[6] 它原本的語意和貧苦、不足與絕望有關，是從動詞「侘びる」（音「wabiru」，擔心或是憔悴之意）[7] 與相關的形容詞「侘びしい」（音「wabishii」，意為憔悴的、孤獨的、貧苦的）[8] 而來。

因此，這已反映在千利休好幾個世紀前的日本文學裡──例如8世紀時的《萬葉集》（日本現存最古老的詩集）、1212年由鴨長明撰寫的著名短篇作品《方丈記》，以及藤原定家（1162-1241）的詩。[9] 然而，直到千利休的茶會，「侘」才開始代表了簡樸的美學價值。

作為一個美學上的術語，「侘」之美在於它所強調的黑色調。它是藏身於人生粗糙現實裡的至美。如同佛教僧侶吉田兼好在七百年前所寫：「莫非我們只看完全盛開的春季花簇，或者只看萬里無雲時的明月？」[10] 美

不僅是存在於愉悅的、張揚的，或者明顯之處。

「侘」意味著一種靜止，有著一種超凡脫俗的氣息。它是對現實的接受，以及伴隨而來的洞見。它讓我們明白，不論我們的處境如何，總有美藏在某處。

「侘」可以描述成是「看出簡樸中的美所產生的情感」。這是一種靜靜的滿足，遠離物質世界的羈絆。多年後，品味已經改變，現今又可以見到許多裝飾的茶具，然而「侘」的理想仍是日本茶哲學的一部分。

最後，「侘」是一種欣賞人性、簡約與樸實的心境，也是通往平靜與滿足的道路。「侘」的精神與兩個觀念的淵源很深：一是接受我們真正的需求很簡單；二是對於已經存在於我們周遭的美，懷抱謙虛與感恩。

「寂」的起源

「寂」（日文音「sabi」，也可寫做「寂び」）這個字意謂「銅鏽、古物外觀、優雅簡樸」。[11] 同一個字也可以翻譯成「平靜」。[12] 形容詞「寂しい」（音「sabishii」）意思是「孤單的」、「孤獨的」或「獨自的」。[13]「寂」的本質瀰漫在松尾芭蕉（1644-1694）的許多俳句裡，這些俳句寫於17世紀，至今仍因其令人著迷之美，受到全世界的喜愛。

還有另一個動詞——「錆びる」（音「sabiru」）——

字形不同，但讀音相同。它的意思是鏽蝕、腐敗，或者顯示歲月的痕跡，增添另一層韻味。

經過一段時間，「寂」這個字成為傳達一種伴隨歲月痕跡的深層沉靜之美。視覺上，我們將之視同歲月的鏽蝕、凋萎、失去光澤，以及古物的特徵。

「寂」是由時間創造出來的狀態，不是由人類之手，雖然它通常出現在原本經過細心手作完成的有質感的物件。它與歲月淬鍊出的優雅有關。這是在使用與衰敗過程中顯露的美，例如農家廚房裡，受到人們喜愛的粗粒面餐桌所散發的暗沉光澤。

知名作家谷崎潤一郎曾經在他發人深省的經典《陰翳禮讚》寫到，日本人如何在「寂」中發現美：

> 我們不是不喜歡每件閃亮的東西，然而我們確實偏愛憂晦的光澤勝於膚淺的光彩，一種陰鬱的光，不論是一塊石頭或是一件手工製品，都散發著古物的光輝⋯⋯我們確實喜愛染有塵垢、煤煙與風霜的東西，而且我們喜愛讓我們從心底回憶製造它們的過往時刻之色彩與光澤。[14]

雖然「寂」與見證物品外觀本身的過渡時間有關，正如同日本美學的大部分，其深刻的意義指出我們眼睛

所見實物的表面之下，所暗藏的東西。它代表了萬事萬物運行與消逝之道，並且能在我們身上激發情緒反應，通常略帶感傷，如我們思考人世的幻滅無常。

「寂」之美提醒我們自身與過往的連結、生命的自然循環，以及我們自己的必死命運。

「侘寂」的誕生

「寂」的心能看出「侘」之美，而這兩個字互相搭配好幾個世代了。[15] 它們的教義精髓可上溯數個世紀，但將「侘」、「寂」兩字合起來成為一個大家接受的詞，不過是過去一百多年前的事，「原因是渴望了解日本人的心理底層」。[16] 人們需要一個標籤，來指出向來眾所皆知的東西。

侘寂同時存在於人們意識的邊緣，以及他們的內心深處。我的朋友節子今年已經七十多歲了，她說在我問她這個問題之前，她從來沒有從嘴巴說出「侘寂」這個詞，即使這是她的本質的一部分，而且她下意識知道這對她的意義。

侘寂超越任何事物或環境的美，直指人們對那種深刻的美的反應。侘寂是一種感覺，無法捉摸的。某人的侘寂與另一個人的不同，因為我們每個人體驗世界的方式不同。當我們接觸到真正的美，我們便能感覺到侘

寂——不矯飾、不完美，而且還因其不完美而更美好
的那種美。這種感覺是由自然之美所激發，是樸實無華
的。

在英文裡最接近這種反應的詞是「aesthetic arrest」
（美感的拘留），如詹姆斯・喬伊斯在他的小說《一位
年輕藝術家的畫像》[17]裡寫的：

> 至高品質的美，即美學形象的清晰光采，是由
> 一顆被其整體性所吸引的心所捕獲，並且因其
> 和諧而著迷，那一刻，是美學愉悅的夜光無聲
> 的停滯，這是一種精神狀態，非常類似義大利
> 生理學家路易吉・伽法尼（Luigi Galvani）所說
> 的心臟疾病……稱為心的著魔。

但即使這一段也只談到生理上的反應，而非較深層
的、與生命自身本質有關的侘寂哲學。

由侘寂啟迪的人生啟示

侘寂與人生轉瞬即逝的本質所引發的那種美，彼
此之間有著深刻的連結。這根源自佛教對於存在所抱持
的三個特徵：「無常」（短暫）、「苦」（苦難）與
「空」（無個人自我，與萬物合一）。

佗寂能教導我們的人生啟示，以及我們這本書要探索的，深植於下述概念中：

　　・當你學會從你的心觀看與體會，世界會變得
　　　非常不一樣。
　　・萬事萬物，包括生命本身，都是不恆常、不
　　　完整、不完美的。因此，完美是不可能的，
　　　而不完美是萬事萬物的自然狀態，包括我們
　　　自己。
　　・在簡樸中有極大的美、價值與安慰。

　　然而，佗寂不是萬靈丹。它提醒我們，寂靜、簡樸與美，能幫助我們完全停駐在任何事件當中的時刻，而這是給我們所有人的啟示。

關於語言文字的注解

　　根據部分以往由非日本人撰寫的佗寂方面的書，你也許聽過它是當成一個形容詞——例如「一個佗寂的碗」，就如同你可能説「一個參差的碗」，或是一把「飽經風霜的椅子」。在西方，它被用來描述一種特定的自然與不完美的外表。然而，有一點很重要：日本人不這麼使用「佗寂」這個詞。

你可能會一口氣說出某個東西「有侘寂的氣質」或者「給你一種侘寂的感覺」，但是這個詞本身——至少在原始的日文裡——並不是描述某個物件的外觀。它反而是傳達你遇見某種美之後所留下的印象，可能是視覺上的，也可能是經驗上的。

我曾與一位前教授談話，他提到他對一座寺院的花園青苔的欣賞，是他感受到侘寂的時刻。我遇過一位吹薩克斯風的計程車司機，對他來說，侘寂是他演奏藍調曲子的時候。對其他人而言，可能是在茶會的場合。這對每個人不一而足，因為我們全都會被不同的事物感動。但是這種感覺升起的時刻——一種了悟、一種連結、想起生命本身的變幻無常與不完美本質——侘寂就出現了。

字詞被帶進另一種語言時，它的意義通常會有所改變，所以，如果你一直把「侘寂」當成一個形容詞，也不用因此苦惱。這本書的重點不是要捲入語義學之爭，而是要經由這種智慧啟發，提出人生啟示，吸收其哲學，並且受其影響，改變你的觀點，提升你的人生。

確實，不是說我們不能利用侘寂的概念為布置家裡提供靈感，以崇尚簡潔、自然與美。這是可以的，而且我們要在第二章深入討論這一點。但是，如果我們只把侘寂限縮於一種想望的生活方式或設計流行，我們便錯過了這個體驗世界的深刻與直覺的真正機會。

關於日文和日本文化最有趣、同時也最挑戰的一件事，是它的多層次。沒有一件事可說是它看起來的那樣。每件事都要視它的上下文、誰對誰說的話，以及弦外之音而定。如果「不完美」的中心信條之一是不完整，我在這裡的工作就是畫一幅豐富但不完整的侘寂畫，如此你可以從你的角度填滿

空白處。

　在這本書的某些部分，我會純粹講侘寂。其他的篇幅裡，我會從日本帶進相關的概念，有助於你過一種更簡單卻更豐富的生活方式。最終，我希望你能為自己感受侘寂的精髓，歡迎它進入你自己的生活，作為你仰望世界一種新方式的啟發。

給所有人的禮物

　不久前，我看到兩位日本高中生在美國做了一份侘寂的簡報。結束時，觀眾中的一位美國人提問：「你們認為每個人都可以習得侘寂嗎？」兩個女孩互看了一眼，皺起眉頭，有些慌張與不確定。經過審慎討論後，她們其中一位回答說：「不行。我們能感覺到它，因為我們是日本人。」

　我不同意。侘寂是一種人類對於美的深刻反應，我相信我們所有人都有能力體驗它，只要我們對它更心神領會。

> 侘寂邀請我們睜大眼睛、開放心靈，見證當下的美。

　我對侘寂的看法，始終源於自身世界觀的脈絡，亦即根據西方的成長背景，但也深受對日本長達二十年的

熱愛所影響。你的觀點會與我的不同，並且，如果你有機會和一位日本人談這件事，他們的觀點也會不同。然而重點是，美即存在於其中——正是從其他文化汲取靈感，並且以我們自己的生活脈絡詮釋它，從而挖掘到我們最需要的智慧。

侘寂與今日如何相關？

我們活在一個燒腦的演算時代，到處是突發的議題與資訊。從我們醒來的那一刻，到我們跟蹌跌進床裡，我們不斷被灌輸應該看起來怎麼樣？該穿什麼？該買什麼？該賺多少錢？該愛誰？該如何當個好父母？比起投資在我們自己身上的時間，也許我們當中許多人花了更多的時間想著其他人的生活。不僅如此，還有我們被鼓勵配合的步調，難怪我們很多人覺得耗弱、沒有安全感、不踏實與疲憊不堪。

更有甚者，我們被明亮的人為光線包圍，在家裡、商店、辦公室的人為光線，還有我們的手機與筆電上的人為光線。我們受生產力過度刺激，而且執著要增產。

> 我們任意送走那最寶貴的資源——我們的注意力——而這麼做的時候，我們辜負了已經在自己身邊的禮物。

這對我們的神經系統與睡眠能力可謂雪上加霜。我們付出的代價是，這種生活驅走了我們生命中讓人安靜的黑影與豐富的質感，投向速度與效率的懷抱。我們的眼睛和心都累了。

社群媒體雖然在許多方面非常強大且有價值，但它讓我們變成比較成癮與認可成癮者。我們打斷了寶貴的生命時刻發照、貼文，接著花好幾個小時檢查從我們幾乎不認識的人那裡得到多少個讚。每當我們空出一點時間，就掏出手機，將目光不斷往下滑，看看其他某個人高品味的生活、令人嫉妒的吹噓，我們以為他們真的過著那樣的生活。每次這麼做的時候，我們都錯過了自己生命中不可知的連結、奇緣巧遇，以及日常冒險的機會，因為我們的心已經飛到某個身體無法跟上的地方。

許多人總要先糾結於別人的想法，才有辦法踏出下一步。我們坐著排隊等待某個人的同意，同時一面擔心還沒發生的事。我們告訴自己關於我們能力有限的故事，我們對自己表現優異的部分低調，放大我們表現不佳的部分。

當我們敢於跟隨我們的夢想大膽想像，卻被好多修飾過的成功影像包圍，開始懷疑是否還有留給自己的空間。無數破碎的夢想撒落在世界上，只因為有人拿自己和其他人比較，然後想著：「我不夠好。」這種信心危機的結論，至多只能說是惰性。

而在這條軸線上的某個地方，有人開始謠傳幸福存在於物件的累積：金錢、權力、地位、青春永駐、美麗、苗條，或者年輕、帥氣和強壯。然而，當我們以其他人的量尺來衡量自己的人生，任由自己臣服於「應該」的淫威之下，我們便將自己置於必須達標的巨大壓力之下，去從事或擁有我們並不真正關心的東西。這種貪得無厭的渴望影響我們的行為、決定，以及自我觀感──更不用說如何影響我們的星球。無論我們擁有或成為什麼，總是不夠，又或者我們是被引導如此相信。

　　而這是真正諷刺之處。我們向外努力爭取的，往往與我們內在渴望的不同。我們到了需要停下來環顧四周、為自己決定何者真正重要的時刻。侘寂可以幫助我們做這件事，使這種已有數百年歷史的啟示，在今天，比過往任何一個時候，更與人們息息相關。

新的道路

　　我們此刻需要的，是一種觀看世界與我們在當中位置的全新方法。

　　我們需要面對人生挑戰的新門徑。我們需要新的工具，以便過著有意圖、有意識的生活；我們需要一個參考框架，決定什麼對我們是重要的，以便讓我們擺脫想要更多、更好、最好的無止境渴望。我們需要找到慢下

來的方法，讓生命不從我們身邊倏忽而過。我們需要開始留意更多的美，以振奮我們的靈性，保持精神昂揚。我們需要允許自己放下他人與自己的評論，放下對完美無止境的追求。而我們需要開始看見彼此——以及我們自己——看見我們是完美的不完美珍寶。

所有這些我們迫切需要的，都可以在侘寂的哲學中找到。不是因為它解決了表面上的問題，而是因為它能從根本上移轉我們觀看生命本身的方法。侘寂教導我們以少為滿足，從某方面來說，這樣感覺更豐足：

> 少一點東西，多一點靈魂。少一點匆忙，多一點安逸。少一點混亂，多一點平靜。
>
> 少一點消費，多一點獨創。
>
> 少一點複雜，多一點清明。少一點評斷，多一點原諒。少一點虛妄，多一點真實。
>
> 少一點抗拒，多一點堅毅。少一點控制，多一點臣服。少一點大腦，多一點心。

侘寂代表了一種寶貴的智慧祕藏，重視平靜、和諧、美與不完美，而且在面對現代疾病時，能強健我們的耐力。

放下你認為應該是什麼樣子，不意謂放棄你可以是什麼樣子。

重要的是，接受不完美並不意味必須降低標準或是退出生命；而是意指不用評斷你自己的樣子：完美的不完美——而且獨特的你，正如我們其他人一樣。

簡單地說，侘寂允許你成為你自己。它鼓勵你盡你所能，但不是為了追求不可及的完美目標而殘害自己。它溫柔地敦促你放鬆，慢下來，享受你的人生。而且，它向你示現，你可以在最不可能的地方找到美，讓每一天都是通往愉悅之路。

第二章

質素簡潔：
簡化與美化

由於日本多山，森林、原野與農地覆蓋該國80%的土地，[1] 日本的都會區如此擁擠，也就不足為奇。東京的人口超過1,300萬，[2] 人口密度每1平方公里超過6,000人。[3] 因此，日本人成了狹小空間建築與風格的高手。

個人空間很有限，近年來，雜亂對日本人成為一項大挑戰，就像對其他國家的許多人一樣。也許這正是日本人如此精通條理與收納、無印良品在商店街上大受歡迎、近藤麻理惠成為家喻戶曉的名字的原因。然而，不要誤以為大部分的日本人現在還住在鋪著榻榻米[4]、家徒四壁的房間裡。不是這樣的。雖然極簡主義整體的概念對許多人造成顛覆性的影響，它最後成為另一種完美。它成了另一個打擊你沒有做對某件事的機會，而且老實說，那很累人。

也許你像我一樣。你喜歡極簡主義的哲學，懷抱一個完美的窗明几淨房屋的夢想，卻發現有紀律的極簡主義並不完全適合你，因為你有小孩／寵物／繁忙的生活／集古茶壺癖／家裡的書比當地圖書館的書還多，或者某個其他原因，使你無法整理出一個完美而井然有序的襪子抽屜。或者，你是租屋者，受限於租屋條款，不容許改造你的居住空間。或者，你的手頭很緊，認為一個宜人的家只有手頭寬裕的人才配擁有。或者，你可能只是很忙，覺得去處理每樣東西太擾民。如果這當中任何一個原因聽起來很熟悉，另一個選項——「心靈簡約」

（soulful simplicity）也許正
適合你。

「心靈簡約」是我取
的名稱，指的是用「愛」清
理與風格化你的家，而不讓

> 一個侘寂的鏡頭能
> 啟迪我們擁抱心靈簡
> 約，珍愛我們所有。

它成為缺乏溫度的極簡，或是過多人工努力的痕跡。這
是一種組織與個人化你的空間的方法，讓你的家溫馨可
愛，同時令人覺得宜居。

日文裡有一個可愛的片語「居心地が良い」。當中
漢字[5]的意思分別是「這裡－心－地方－美好」，是用來
形容一種舒適、賓至如歸的感覺。我喜歡把它想成是一
個專屬於一顆愉快的心的地方。這也是我們想要以心靈
簡約創造的境界。

你的家，你的空間

我們居住的空間會影響我們居住的方式，也會影
響我們日常過日子的感覺。如果我們想要過不一樣的生
活，那麼，改變我們的環境與生活空間的細節，就扮演
很重要的角色。我們的家可以是庇護所、聚會所，可以
是愛、歡笑、孤獨與歇息的貯藏室。它們可能是基本
的、舒適的、啟發靈感的、放鬆的。我們的家是書寫我
們故事的場景，具有提升日常體驗的潛力。

「心靈簡約」之美，是它能夠幫助我們讓任何住所——不論其大小或預算——成為一個可愛的居處。這一點對於我們許多狂翻設計雜誌、在Pinterest與Instagram浪費數小時，但沮喪地發現我們的家永遠不可能看起來像那樣的人，可說是如釋重負。侘寂提醒我們，家不應該看起來像那樣。家是給人住的，而住就不是完美的窗明几淨、一塵不染的事。好消息是，真實生活的混亂，經過一些編輯，可以透露許多事。我們之中大部分的人已經打理好一些宜人的空間。只要多一點時間和精神，你的家就可以變成一個庇護所，反映真正對你重要的事。

從傳統茶室——侘寂的化身——取得靈感，我們可以想像一個乾淨、簡單、有條不紊的空間。這

> 一個受侘寂啟迪的家：
> 給人住的、可愛的，
> 永遠不太像完工了。

是關於決定要保留什麼、放掉什麼，什麼要展示出來、什麼要收納起來，什麼該修補、什麼該保護。

你不需要等到天時地利人和的完美時間——等你有錢重新裝潢、等你的孩子離家，或者等你終於有時間分類整理每一個抽屜和櫥櫃。你今天就可以開始，從你所在之處開始。這不是一組規定；這是一組讓你去思考的想法與問題，好讓你用自己的方式來進行。

情感的連結

　　真實的情況是，很多人的家裡亂七八糟，即便我們也不喜歡如此。我們在不需要的時候買了一些東西。我們告訴自己，真該把每樣東西擺得井然有序，但接著卻打開了電視，把該做的事忘在一邊。我多年的工作接觸許多人，他們努力做出重大人生改變，而「清理」一直是他們這段旅程中很重要的一部分。當他們開始釋出愈來愈多的東西，便開始發現自己也釋出了負面的思考模式、不足感、對忙碌的忠誠、對過去的自己依戀，以及對某種與他們的本性或他們真正重視的價值無關的生活之渴望。這是真正需要侂寂介入的地方。當你明白你是如此完美的不完美，你對增進自我形象的「東西」的需求就減少了。最終，你家中的心靈簡約即是關於你，以及你想要為自己、為你的家人與你的朋友所創造的經驗。這變成是你所喜愛的，為真實的靈感創造空間。這與吸引你的東西有關。這是質感、深度與抉擇。而且，這是把你的判斷放到一邊，專注於你可以用你已經擁有的事物來做什麼。

　　一個侂寂的家，是一個休息的空間，可以迎接客人，可以陶養家庭生活。這是一個留給珍貴事物的地方，這

心靈簡約能造就心滿意足。

些事物蘊藏著愛，喚起回憶，而不只是帶來刺激的新事物。這沒有什麼對錯。這是一種樸實無華的風格，以完美的不完美方式來完成。

這一章的稍後，我會介紹一些以侘寂的方式，清理與「心靈簡約」你的空間的方法。但首先，讓我們來看看在這一切之下，日本美學的概念。

製造美

如果你把臉貼在這個老舊工作間的玻璃窗戶，你可能會看見哈斯汀・真起子（Makiko Hastings）坐在一張木椅上，腳踩著她的陶車；而她的椅子上都是泥釉的汙斑，和一位藝術家工作中的模糊手印。你可能會注意到，當她把陶土成形時，她的肩膀隨著溫柔的節奏起伏著。在她後面的架子上，你會看見成排正乾燥中的作品，每一件都是她懷著愛與內在的美感手工製作的。

我第一次認識真起子的作品是在七年前，當時我買了一組她手作的鳥形筷架，是她為 2011 年日本關東大地震的受難者募款而做的。她一共做了一千個以上的陶鳥，以資助南三陸町的居民；南三陸町當地 70% 的土地都被那次地震隨後引發的海嘯摧毀了。幾年來，真起子自己歷經的挑戰也不少，但她懷抱著她對家庭與創作的深情，從另一個面向展現出來。

近來，真起子為她的網路商店[6]與來往客戶製作一個個獨一無二的作品。當被問到她的美學選擇，她解釋說，一個領域的簡約原則，是如何在另一個領域發展出細節。其中一個案例是她最近接受一家當地餐廳主廚的委託，製作一組晚餐盤。它們出奇平整，每個盤子都有精緻、深淺不同的藍綠色釉，賦予每一頓晚餐一種對食物的獨特視覺經驗。

除了對形式、裝飾與色彩的考量，真起子不僅將她的盤子視為食物的容器，也是回憶的容器。最重要的是，她深信客人透過使用與珍惜她的餐盤，完成每一件作品的美。在這裡有一項重要的觀察：日本的美是在體驗中發掘，而不僅存在於觀看中。

解構日本美學

對於日本美學，目前沒有單一認可的一組詞語來定義，所以，我挑選了最普遍的概念，目的是為了讓它更容易被轉譯到你的人生。在日本美學的表面，是品味（視覺上的）；表面之下則是風味（經驗上的）。

想一想在日本我們可能會與美聯想在一起的事物：一位身穿精緻黃綠色絲綢和服的舞妓[7]驚人的優雅，搭配精工繡成的丸帶[8]；打扮光鮮的東京人、一朵茶花插在灰釉的萩燒[9]花瓶，或者一間傳統榻榻米房間的簡潔。所有這些對日本的印象——在風格、色彩、材質、花樣與複雜

度上如此迥異 —— 如何成為同一種美學結構的一部分？
這全是品味的問題。

表面上的美

如果我們要在一道光譜上標示出日本品味的主要類型，它看起來會像這樣：

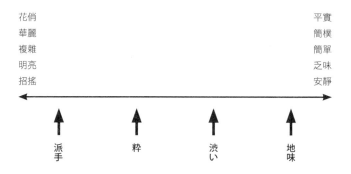

派手（音「hade」）：花俏、鮮豔、自由的。一襲亮眼的和服、指甲彩繪、高彩色的日本漫畫角色。顏色可以是從原色到霓虹燈的任何顏色。

粹（音「iki」）：時髦、有造型、入世且老練。外表看起來信手拈來的時尚（雖然可能花

了很多工夫）；想想筆挺的西裝和世故的辦公室穿著，對顏色的運用充滿自信。

渋い（音「shibui」，中文為「澀」）：有時翻譯成簡樸、柔和、細緻或者內斂，雖然「對日本人而言，這個字複雜許多，意味安靜、深度、簡約與純潔」。[10] 近來，「渋い」被用來指接近沉靜的時髦、有設計感、低調的風格。在顏色上，它指的是暗色、豐富與深沉，通常帶一些自然色，以及一些灰色調，像是繡球花的調色盤。[11]

地味（音「jimi」）：字面上的意思即是「土地的味道」——清醒、保守、不張揚。自然的，米色或平灰色調。如果有圖樣，是一種低對比度的樸素設計。

這些品味的每一種，都有其優雅之處，但表面上看起來非常不同。它們也可以用來描述態度。

侘寂適合什麼地方？

「侘寂」這個詞在西方已有一段時間被用作形容詞，描述某一種品味。它用來代表一種自然、質樸的外觀，崇尚不完美、有機的材料、質感與特性。在顏色

上，想像自然微妙的色澤──各種土色、綠色、藍色、自然色、灰色、鏽色。我喜歡具有這些特性的物件。我被它們吸引，也用它們來裝飾我的家。但從深刻的角度來看，它們不是我們一直在討論的侘寂。

我猜想，這個意義上的轉變發生在許久以前，當時某些被侘寂吸引的大膽外國人試圖直探這件事的核心。我想像他們詢問的友善日本人也許無法找到恰當的字，所以他們轉而指了一些東西，像是簡單的碗、茶室，或者一片枯萎的葉子──這些他們對體驗侘寂的聯想，但是那本質上並非如此。結果，我們來到一個尷尬的處境，許多我們這些非日本人習慣把侘寂當成某種「外觀」的稱呼，讚頌不完美與時間的痕跡，而不是欣賞其充滿力量的深度。

為了避免混淆，也為了需要一個單一的日文字，我將採「侘寂的」這個用語來描述特定的某種視覺品味（表面上的），以對比作為美的本質經驗之哲學上的侘寂（深入的）。

以下是一些過去最常被用來描述「侘寂的」外觀：

· 不對稱的

· 有氣氛的

· 有瑕疵的美

· 簡樸的

· 不完美的

· 不定時的

· 歲月的痕跡

· 尋常的

· 自然的

· 異國風味的

· 有機的

· 原始的

· 收斂的

· 粗糙的

· 鏽蝕的

· 寧靜的

· 簡約的

· 心靈的

· 細緻的

· 有質感的

· 低調的

　　如果我們要在上述的品味光譜上加上這個「侘寂的」，我認為它應該會座落在「渋い」與「地味」之間（雖然它確實的位置，當然是一個品味上見仁見智的問題）：

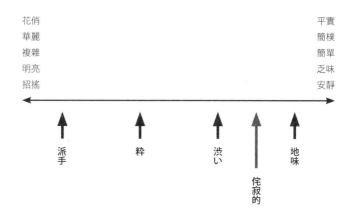

花俏　　　　　　　　　　　　　　平實
華麗　　　　　　　　　　　　　　簡樸
複雜　　　　　　　　　　　　　　簡單
明亮　　　　　　　　　　　　　　乏味
招搖　　　　　　　　　　　　　　安靜

派手　　　粹　　　渋い　　侘寂的　地味

你的自然風格是什麼？

花一點時間想想，你的自然品味落在這個光譜上的什麼地方？為了幫助你辨識，請你環視一下你的家，想想哪一種空間能帶給你靈感。記住，視覺上的喜好可能是來自於質地、形狀、大小與陰影，而不單單是從顏色而來。

- 若你的品味是「派手」或「粹」，「侘寂的」風格能增添一些寧靜與詳和，有助於你與自然重新連結。
- 若你的品味是「渋い」，如果你還沒注意到，「侘寂的」風格很可能天生適合你，而且能為你帶來多一點的特色與故事。

・若你的品味是「地味」，「侘寂的」風格能
　增添一些溫度與豐富性。

表面底下的美

　　日本對美的欣賞，不僅停留在外表的「樣子」。他
們甚至有特別的字來描述表面下，美的情感質素與我們
和那種美的經驗連結。他們有一大堆不同的字詞來代表
這方面的不同面向，有些在意義上彼此重疊。為了簡單
化，我只在此分享幾個最重要的詞。[12]

物哀

　　「物哀」這個詞是對時間有限的美一種精煉的敏感
與情感反應，已被翻譯成不同的說法，如「對事物的哀
婉」、「對事物既甜美又苦楚的強烈情緒」，甚至「對
事物的謙然」。這是消逝的美。乍看之下，這樣的描述
似乎與侘寂相似，但有一點明顯的不同：物哀的焦點在
於美（以及美的即將消失），而侘寂將我們的注意力拉
到美提醒人們關於生命的事。當日本人運用隱喻來描述
個別的詞，當提到「物哀」，他們通常會指出盛開的柔
弱粉櫻在凋謝前稍縱即逝的美，但是提到「侘寂」時，
他們較可能說到秋天的落葉。

幽玄

「幽玄」這個詞指的是以我們的想像力所見的世界之深度。它被連結到優雅的美、神祕的美,以及明白我們是比我們巨大很多的某個東西的一部分。幽玄被認為是傳統日本能劇最重要的原則。能劇發源於平安時期[13]貴族之間高度精緻的文化,經過時間的演變,如今代表一種由美的詩意本質所滲透的深刻讚嘆感。

侘

如我們在第一章中所看到的,「侘」是由認知到質樸中的美所激發的情感。這是一種安靜的滿足,遠離物質世界的羈絆。侘的精神與接受我們真正的需求其實相當簡單,有很深的關聯,而且對已經存在於我們四周的美,懷抱謙虛與感恩。

寂

同樣地,如我們在第一章所看到的,「寂」傳達一種伴隨時間消逝而來的深刻與沉靜之美。在視覺上,我們將此視為歲月的古色、凋落、失去光澤,以及古物的痕跡,因此,它可以被用來描述某物的外表。但它也可以談得更深。這是一種特別的美,崇尚、反映與提醒我們生命的自然循環,刺激大量的情緒反應,從渴望、憂鬱,到沉思與熱望。

這些美的情感元素對日本人的美感至為重要。為了欣賞它們，我們必須暫停、專注，保持開放的心並去了解它們。

伊莉莎白・高登（Elizabeth Gordon）於1958年寫了一本書，談論日本人的美，當時她還是一位編輯，正在進行一項五年長期計畫，為兩項關於日本的議題做準備，她說：

> 首先，如果你被局限住，只能用習以為常或歷史悠久的方式做事，那麼，你就不能學到看見美。你必須透過純真的雙眼看每一件事，意思是，忘卻所有與價錢、年齡、社會脈絡、聲望等等有關聯的事。摒除所有由其他人做出的判斷，回應它們，就像你在大自然中對樹木、夕陽、雲彩和山巒的回應。其次，如果你只看見彼此隔絕的事物，你也不能學到看見美。尤其是無可避免綁在一起的事物。在美當中，事物會成長或縮小，端看它們的背景環境。**14**

受到日本的啟發，當時一位美國的流行教主賦予她的讀者們全面的認可，要他們別再根據從別人那裡接收到的想法來評斷自己家中物品的價值，而是要擁抱直覺

上吸引他們的東西。

內在的美

日本的美無法用邏輯以一個字來描述。它必須用眼睛和心來看，參與其中，親身感受。侘寂在教我們讓更多的美進入我們的生命與生活空間這件事，最重要的啟示是：

> **美存在於觀者的心裡。**

然而，如果美是存在於觀者的心裡，那麼在實務上對我們而言，發現新的觀看角度是什麼意思？

這意味要用我們所有的感官尋找美。要停止不斷追求更多，好讓我們能夠發覺我們的視線範圍裡已經存在的東西。要慢下來，慢到能夠好好地看，並且留意表面下的東西。要讓自己被我們所愛與珍惜的人、事與想法包圍。也要三不五時地反思，想想生命是一個循環，不是永生，而且是短暫且珍貴的。

> 「縱然室內有千張榻榻米，
> 你只會睡在一張榻榻米上。」
> ——日本諺語

它也意味著要打開我們的心房，迎接可能性與驚奇。同時尋找更質樸生活的禮物。

把你的家變成你自己的

攤在地板上的，是一大堆我在日本數年間蒐集的室內設計雜誌和書。我正努力準確找出日本設計與風格長期吸引我的到底是什麼。當我的目光在這些書的封面上飛快移動，雙手快速翻閱書頁，時光倒流到 2000 年代初，當我還在東京工作與生活的時期。當時我在運動領域有個繁雜的工作，但在空檔時──午餐時間與週末──我會花好幾個小時在舒適的咖啡廳閱讀建築、室內設計、陶藝、織物與風格的書刊。少數放假的日子，我去看展覽，到自由之丘、代官山和神樂坂找獨立商店，不僅享受這裡販售的精緻手作產品，也享受它們包裝的方式。

在思考我的合約到期後該做什麼時，我仔細考慮受訓成為一位「室內設計協同規畫者」，幫助人們風格化自己的家。當時，雜貨店（zakka shops）如雨後春筍般開張。「zakka」相當無趣地翻譯為「雜貨」，掩蓋了雜物尋寶的樂趣──這些能展現你的品味與個性的東西，並且能為你的家增添多層次的故事。雜貨店裡大部分的貨品都很小巧，反映了日本人喜歡重視細節，以及人們住在狹小空間的實際生活。大約這個時期，我培養出一種對日本文具的小著迷，這種嗜好持續到今天。我也發現日本人對整理家務和創意收納的天分。

我在東京牛込柳町的迷你公寓，嵌在住宅區一個安靜的區塊，遠離最近的大樓，使這個區域感覺像是一個村子，而不是在繁華的大都會中心。前門一打開就是玄關，如果要踏進公寓裡，得先把鞋子移開。除了一間小浴室，我的住處是單間的套房。廚房窗戶的外面是一小塊沒有使用的地，那裡的薄荷有如野火一般恣意生長。直到今天，每當我想起這間公寓，還能聞到那股沁涼、清新的氣味。

我在預算內慢慢地、小心翼翼地為它裝潢，同時要顧及如此一個僅容旋馬的空間限制。每一個物件都是寶貴的，而且有附加的記憶。我用來懸掛作為隔間的和紙，是在一個初春的午後，正當盛開的櫻花掉落時，在一家我喜愛的紙店裡找到的。亞麻的桌巾、手雕的筷子，還有令人愛不釋手的陶器，是朋友送的珍貴禮物。大部分時間裡只有我一人享用晚餐，我甚至會把它們拿出來用。有關花藝、製陶與慢活的書疊成一落一落，上面放了一個茶壺或花瓶，這些都被當作裝飾，取代昂貴的**物件**。

> 在我們能美化之前，我們需要簡化，並將我們所擁有的空間做最佳利用。

現今我們有如此多的選擇，到處能買到便宜的東西，我們經常購物、消費，衝動地增加了信用卡的帳單。我們

的生活和壁櫥快速地堆滿東西。最近幾年，因為家裡多了兩個小女兒，她們對粉紅色的塑膠洋娃娃情有獨鍾，我發現自己回去尋找日本的靈感，試著將一種寧靜感帶進我們的家，而不致於荷包大失血。

給你靈感的主題

回到那些散置在我腳邊的日本室內設計書籍與雜誌的共通點，我發現了幾個線索：簡潔的空間、室內陳設的質感、仔細挑選的物件擺放於眼睛看了舒服的位置、小東西放在小地方（例如沒有超大尺寸的家具）、收納起來的比展示出來的多、自然的室內空間（從迷你庭院花園到花藝、室內的物件陳設）、季節感、光影、許多自然物、空間運用的彈性，以及注重寧靜感。

也有一些引發驚奇感的細節。例如在一只小花瓶裡插了一朵花。部分隱藏起來，暗示，而不明說。這讓我想到，若我們不一次展示所有的貴重物品，不把每一個空間塞滿東西，不在第一次見面時說完我們的人生故事，或者急於填滿一場對話中的每個暫停，我們能從中得到多少收穫？

我集合了這些線索，為你找到五個主題，讓你在你自己的生活中探索。它們分別是：簡約、空間、彈性、自然，以及細節。**15**

簡約

有一個我喜愛多年的日本生活用品品牌是「fog linen work」[16]，它是由設計師兼企業家關根由美子在二十多年前創立的。她的店隱居在東京時尚的下北澤區，這裡是人聲鼎沸的首都裡一處寧靜的綠洲。對開放式的貨架而言，暴露的水泥牆是一種有質感且自然的背景；貨架上有鐵絲籃裝盛亞麻餐巾、一小疊一小疊的木盤，以及放了一些小鈕扣的托盤。色調柔和的亞麻布和袋子，披掛在一個長長的欄杆上。我最愛的物件是耐用的圍裙，它會讓你想直接衝回家煮些東西。在這間店裡有一種空間感，以及一種時間暫停感。

關根女士接觸西方文化多年，在她成立「fog」之前，已經從美國進口生活風格用品，現在主要與立陶宛的供應商合作，生產她自己設計的亞麻製品。這讓她的風格選擇更親民，因為它們就像在一棟舊金山公寓或倫敦鎮上的房子一樣舒適，在日本住所裡亦同。

當我請她分享她的特別風格，她告訴我：

> 它是簡單、極簡、有機的。我的歐洲經銷商告訴我，我展示產品的方式有一種特別屬於日本的風格。我喜歡沉穩的中性色調，有時候我依據季節，為自己的衣服挑選強調色。我的目的是

讓沉穩的產品能釋放到人們的生活與家庭，帶入柔和的寧靜感。我喜歡生活中有自然材質，例如亞麻、棉花、木頭和一些金屬。沒有塑膠。這符合我的個性，以及我對簡單事物的喜愛。

每當我走進關根女士的店，總會使我想讓我的架子更開放、簡化，只陳列我真正喜歡的東西。當我們不再只把層架用來置物，而是把它們視為珍貴物品的支托物，當中的差別是很明顯的。原本感覺被四面壓迫的房間，頓時似乎開闊了起來。

這次從東京回來時，我把我的亞麻圍裙掛在一個我看得見的掛鉤上，簡單陳列了食譜書，在窗臺搭配放上陳年葡萄酒瓶與老照片，攤開一塊我喜歡的桌巾，在餐桌中央放一只花瓶，插上幾朵野花。這只花了幾分鐘，而且不用花半毛錢。但頃刻間，我想留在廚房，為我的小家庭煮些美味的餐點。

—— 整理的重要訣竅

已有文獻顯示，清理我們的空間有助清理我們的心靈，更不用說為我們節省時間和金錢。用這些簡單的訣竅，在你自己的家裡試看看：

1. 首先，從整理收納教主近藤麻理惠[17]身上汲取一些靈感，列出你家裡的「東西」的主要類別，例如書或玩具。接著，選一個類別，把分散家裡各處的同類東西集中在一起。只把你需要與真正喜歡的挑起來，然後把其他的清掉（賣掉、回收或捐出去）。你把東西鋪滿家裡的時候，那幅景象可能相當驚人，但是最後，這意謂你是根據全部的事實來做決定。當你發現你有五頂遮陽帽，但你一年只去某個炎熱的地方一次，那麼，你就能輕而易舉地把多餘的東西捨棄。當你整理剩下的物件時，試著把相同的東西放在一起，這樣你可以輕鬆地找到它們。

2. 想想你可以利用科技取代或減少什麼——例如，利用音樂 app 而不購買實體的錄音產品、將少數特別的照片洗出來裱框，其餘的用數位方式儲存起來，至於書籍的部分，除了你非常喜愛的書，其他可利用閱讀器，或利用當地的圖書館借書。

3. 想想你可以在記憶中儲存的東西，而不用儲存在你的儲櫃。例如：如果一位遠房親戚過世，而你收到一盒和他們有關的東西，挑一樣東西留下來做紀念，把其餘的處理掉。

4. 把你的紙堆收集起來，分成三堆：(1)待處理；(2)待存檔；與(3)待丟棄。對於(1)待處理類，安排一個下午，把每一張處理完畢。不要找藉口。對於(2)待存檔類，有可能掃描、數位儲存與備分文件，然後將原件銷毀，只留下法律上需要的，例如房契和地契文件。對於(3)待丟棄，銷毀任何有個資的私人文件，其餘的直接回收。然後找一個你從此可以存放所有新累積的紙張的地方，與自己每星期約定一個時間，決定要處理、存檔還是丟棄這些紙張。

5. 一件掉在地上的衣物、沒有歸檔的信，或是亂扔的玩具，會吸引其他的東西。採用一個簡單的系統，讓整齊這件事變簡單。

6. 把你同住的家人或室友拉進來。讓這件事變成一個遊戲。

7. 不要忘記清理你的手提袋或皮夾。你在一天當中看它們的次數，可能比看你家房間的次數還多。

空間

　　雖然一般日本民眾並不住在建築師設計的房子裡，然而，我們可以從日本建築師的原則學到許多寶貴的一

課，為我們的空間帶來靈感。為了進一步了解，我找到了日本最頂尖的建築史學家之一松崎照明，他條列了日本建築師的主要特徵如下：

· 空間[18]
· 自然以及內外的連結
· 美感
· 對光影的認識
· 仔細選擇材質（品質、來源、質地、氣味）
· 「少即為多」的概念

延續真起子感性提到她的陶藝客人對她的產品之美所扮演的角色，松崎照明先生說，美學天才最重要的是，留下一些未完成的部分，把觀者拉進來。美麗的文學作品留下未說出的部分，讓讀者用他的想像力來完成。美麗的藝術留下未解釋的部分，讓觀者帶著他們的好奇參與其中。建築師與室內設計師亦然。完美與完整不是最理想的，即使那些在設計雜誌裡的建築看似「完美」。松崎照明先生說：「空間最終是創造出來生活其中與利用的，如果它們在這部分沒有做好，不會被認為是成功的。」

我們可以從這些概念中學到什麼，用在我們自己的家中？我們可以創造空間。我們可以把自然帶進來。我

們可以決定我們認為什麼是美的，然後把它整合進來。我們可以不只注意到光線，也同時注意光影。我們可以謹慎選擇材料，我們可以選擇和我們真正喜歡的東西同住。

清出空間，每次一個房間

好的開始是成功的一半，初期的成果能激發熱情，所以我深信從你最常看見的東西下手，絕對是最佳策略。首先，利用我在這一章列出的祕訣，清理主要的大項（書籍、衣服、玩具、檔案等等）。接著，在你的住家或工作室，每次挑一個房間試試這些想法：

1. 清除地板上的每一樣東西
2. 清除家具表面的每一樣東西
3. 清除牆上的每一樣東西
4. 現在，慢慢地一邊問自己下列問題，一邊把東西放回去：
   ・當我在這個房間時，我想要感覺怎樣？什麼樣的顏色有助這種感覺？（想想這一章裡分享的品味光譜，以及佗寂風格與顏色能如何為這個房間帶來一種寧靜、溫暖與個性。）
   ・我喜歡這個比較空的空間的哪一點？它的哪一部分要維持淨空？（如果你想刷油漆，現在是個好時機。）
   ・我可以在牆上做什麼不一樣的改變？什麼會是特別

的？什麼是有意義或有回憶的？（可以裱框的有趣小物包括地圖、明信片、有啟發的名言佳句、孩子的藝術作品、你的作品、海報、茶巾或圍巾、一張美麗的包裝紙、乾燥花等等。）

· 我可以如何安排家具，把空間做最好的利用？這是這個房間適合的家具嗎？（現在也許是把某些不適合你的東西出清的最佳時刻，然後去找跳蚤市場、古董店或獨立家具製造商，尋找替代的點子，或者試著自己改造一些家具。）

· 有什麼現有的物件可以為這個房間帶來更多的美？什麼物件能增添一點故事感？什麼物件能改變用途，讓它起死回生？慢慢地加回這些東西，一小組一小組地，增添趣味。

· 我可以怎樣將自然帶進這個房間，引進更多的天然材質？我可以如何反映季節？

· 我可以怎樣為牆壁、家具、地板、天花板增添質地（例如利用織物、紙類、粗糙的面塗）？

· 如果你喜歡書，可以怎樣把它們納入展示項目？（例如放在架上、疊起來做成邊桌、三本書疊成一層，在最上面放點東西，安排一些巧思。）

5. 現在看看你從房間裡移出的所有東西，那些你決定不要放回去的東西。利用本章提供的祕訣把它們清除或分類。

6. 在你的日記裡記下來，把東西位置交換一下，每一季重新清理一次，或者如果你喜歡的話，每個月一次。

7. 如果你準備好了，在你美麗的空間裡享受一杯茶，然後移到下一個房間！

彈性

　　對於住在比較傳統日式房屋裡的人──通常是在郊區或鄉下地方──他們的房子比較是以木頭為主的。牆壁很薄，而且通常對空間的最佳運用保有彈性。鋪榻榻米的房間往往是多功能的，從休閒空間、靜坐空間、用餐空間到就寢空間，不斷轉換。你可以移動門和桌子，把蒲團拿出來或收起來，招待客人，或者作為休息室。

　　為了找出關於彈性運用的更多想法，我花了一些時間在我的朋友真田大輔的家，他是木曾建築與設計事務所（Suwa製作所）的總裁。真田本身是一位木匠之子，他在幾位木匠朋友的幫助下，在東京郊區一個小鎮蓋了自己的房子。他和妻子清香與家人一起住在一個小巧、細緻、美麗的空間，清香本身也是一位室內設計師。

　　真田先生是一位著名武士的後代，對他們國家文化遺產的傳統與知識瞭若指掌。他把這些帶進他的作品，加上現代的眼光以及對舒適空間的喜愛，有助強化居住其中的人的情感連結。

　　他自己的家超過兩層樓，前面的部分挑高，有一個手工細心製作的傾斜雪松木屋頂，一邊有一扇巨大的三角窗，使得窗外的樹本感覺像是房子的一部分。開放式的區域包括了客廳、餐廳和廚房，還有一個榻榻米的突起部分，位於燒木頭的壁爐旁，創造出一個完美的角落，可以供他的狗蜷曲休息，可以供早晨做瑜伽，或者

供冬日午後睡個午覺。一個簡單的木製壁櫥裡，不刻意地陳列了幾個從他朋友的稻田裡挖出的彌生時代陶罐。在一個擁有兩千年歷史的地區，這些陶罐已經被更改用途，當成簡單的花瓶，為真田家的日常生活帶來喜悅，而不是作為博物館收藏，存放起來。

一樓的後半段是浴室、臥室和儲藏室，有一個樓梯通向上面夾層的休憩與睡覺空間。這裡用彈性的家具分開，例如可移動的書架以及從屋頂懸垂下來的布面窗簾，可以視當天的賓客而定，增加私密性或方便聚會。這棟房子的整體效果親和力十足，符合真田與他的家人想要的生活方式，很有格調，但很務實，而且也具靈性的簡約。

真田先生與我相談數個小時，談論日本生活裡，對比與關係的價值：在張力中的美、光與影、聲音與寧靜、簡單與細節、崇高與平凡、在與不在、自由與克制、侘與寂。我們談論在事情進行的中間，美如何油然升起——一段對話、一輩子、在樹林中的一次散步。以及萬事萬物如何連結——一個空間裡的每樣東西、內在與外在、我們的環境與心靈、彼此的關係，以及我們自己在大自然的網絡中的關係。

我們這些不住在日式房屋的人，仍然可以從這些概念中得到啟發。我們可以用家具、地毯與架子的擺設分隔空間，根據我們想要如何利用這個空間，經常移動

家中物品，同意這個空間從來還沒「完工」，而我們的目標也不是完美。我們可以漆牆、置換陳列品、把一些季節花朵與植物帶回家，在心血來潮時重新布置一番。我們可以留意視覺對比，以及我們所見與所感之間的關係。窗戶不僅是窗戶──它是一個所有戶外世界的框。房間一側的一個架子可能是另一側的某種平衡。留意房間裡個別的東西如何影響其他東西，隨著空間、流動，東西如何一起營造感覺，並且留意你如何過生活，以及它讓你有什麼感覺。

　　記住：實用、簡單、美、有故事。

如何啟發心靈採購

　　你可以如何看待這個愈滾愈大的浪費、消耗，而且有毒的比較文化，並且決定走自己不同的路線？你可以如何像千利休一樣（見第28頁），安靜地採取根本性的變革？你如何成為某件你感覺比較實在的目標的支持者？

　　最心靈的採購是不花錢的，只會擴大自己已經擁有的自然之美。試著在大自然中度過一段時間，從森林裡蒐集禮物，或者用你的雙手創作，而不是購買。

　　當你考慮購買某樣新東西，問自己下列問題：

　　・我真的需要它嗎？我是否已經擁有某個具有相同功

能的東西？我真的會用它嗎？

- 我愛它嗎？二十四小時過後，我還想要它嗎？一年後呢？渴望本身有一種美。我可以等一陣子，確認我真的需要它嗎？

- 它符合我此刻的生命季節嗎（或者，藉由購買它，我其實想抓住某個過去，或者是催促我自己進入我的生命未來的某一個版本）？

- 它和我擁有的其他東西搭配嗎？

- 它是否對於更彈性運用空間有幫助？

- 這是某種我可以用借的，或者交換以免費取得的東西嗎？

- 我願意捨去什麼，為這個東西挪出一個空間嗎？

- 為了支付這樣東西，我需要犧牲什麼？值得嗎？

- 它是天然材質做的嗎？如果不是，有天然材質的版本嗎？

- 是否值得多付一點錢，取得一個可以持久的版本？

自然

　　侘寂啟發的家有一個重要的元素，即「自然」，因為它連結到整個侘寂哲學最深的部分，提醒我們生命瞬間即逝的本質。我們會在第三章詳細探索自然與季節。現在，想想你可以如何將更多的天然素材帶進你的家。例如：有粗紋的木頭、竹子、泥巴、石塊、黯淡的金屬、手抄紙，或者以天然纖維織成的布料。我最喜愛

的寶貝之一，是我們用來存放柴薪的木製米桶。用創意來發想。重新利用，改作用途。去逛逛跳蚤市場、古物店。歲月往往會為自然材質增添深度與美，所以不要以為你一定得買新東西。

心血來潮是很棒的。我常常將盆栽香草與油混合在金屬容器裡，掛在廚房。我也許會使用和紙膠帶（用和紙做成的低黏性美紋膠帶）將一些掉落的自然寶物黏在牆上，在我小孩的樹幹拓印和葉拓作品旁邊，做一個臨時的拼貼藝術。

切花也可以讓一個空間明亮起來。在它們最盛開的時間過了之後，試著再多放久一點，觀察它們凋萎時的美。擁抱一些荒野，利用野花和在大自然裡找到的物件，會帶來清新的感覺。甚至是漂亮的水草。走出門看看大自然在這個季節裡送給你什麼。從森林、樹林、灌木叢或海邊可以帶哪些禮物回家？落葉、莓果、七葉樹果、橡實、種子莢、貝殼、漂流木和羽毛，它們全都帶有自然與侘寂的氣息。

試著將一點這些自然小物在你家裡的角落集合成一組展示品，也許和一本你喜愛的書及舊眼鏡放在一起，或者是和你的陳年打字機與一疊舊緞帶放在一起。將一截冬莓枝插在一個小瓶子裡。從你的花園取一把雪花蓮。在一段斷枝上掛上一串彩色小燈。

細節

　　你在日本每個地方都可以發現他們對細節的注重。在咖啡廳、商店、家裡、寺院和神社，甚至在公共空間，總有人留意加入一些小細節。這些細節增添了一個空間的趣味，而且你真的可以如法泡製。

　　我們的樓梯有一個挑高的窗戶，以前有著一面又長又重的窗簾。我們搬進去的時候，它們就在那裡了，我不想把它們移走，因為它們看起來所費不貲，前屋主花了這筆錢，若我把它們拆下，會是一種浪費。但是我每天要上下樓梯好幾次，每次我經過窗簾時，都覺得有點討厭。最後，我明白我的做法很可笑。畢竟現在這裡是我們的房子，我們可以用我們想要的方式利用它。所以我把它們拆下來了。

　　頃刻間，門廳灑進了自然光。很快地，我發現一天當中的不同時刻，窗戶會照進有趣的影子。現在，我們可以看見又寬又深的窗臺，我打開一只老舊斑駁的清酒陶瓶，這是我離開日本時，一位朋友送我的，我把它改當成一個花瓶，從花園裡摘了一朵花放進去。在它的旁邊，我放了一些從海灘撿來的小石頭，這是一個風大的日子裡，小孩親手撿拾的寶物，最後我加放了一張簡單的明信片，上面寫著：「平凡事物中有大量的美。」

　　我的小擺設位在窗臺的右側，左側是空的。我三不五時置換花朵和明信片，把石子堆起來，或者移動它們

的位置。每當我上下樓梯時,可以欣賞我的風格的美,並且提供暫時的寧靜。

你可以在家裡的哪些角落創造一個個小型的寧靜與美?

一個侘寂之家的十大原則

以下是我對一個侘寂之家的十大原則。雖然侘寂的物件有其角色,但它們不是全部。這裡,侘寂的哲學是指標。你的家處於進行式,完全沒有問題。真實的人生不像設計雜誌。一個家是要給人住的,所以不需要等每樣東西都就位後,才邀請你的朋友一起共度美好時光。

1. 好好布置你家的入口處,在日本稱為「玄關」。把過季的外套收起來。放一些花。請訪客將鞋子留在門邊,這是日式風格(並且試著鼓勵與你同住的人養成這種習慣)。將鞋子放在鞋櫃或鞋盒裡,或者也許可收在樓梯下方。如果地板很冰,也許你可以為訪客準備室內拖鞋。這樣能讓每個地方保持清潔,而且立刻讓人感覺到舒適與親和。

2. 清理能節省你的時間和金錢,挪出空間欣賞你真正喜歡的東西。然而,極端的極簡主義是另一種完美。只要退而求其次,取心靈簡約即可。想想乾淨、整齊、親和。

3. 在你的家用自然未拋光處理的材質來做實驗,如木頭、泥巴和石塊,床褥、衣著與廚房用品可以採用

天然纖維。看看這些東西如何帶來個性與安靜感。眼睛和想像力都喜歡不完美、不對稱和不一致的表面。

4. 想想你可以如何利用花朵、樹枝、種子莢、羽毛、樹葉、貝殼、石頭、手作花圈、編織的籃子等等，將真正的自然帶進你的空間。自己去發掘尋找與設計造型的喜悅，利用大地與大海的贈禮，創造視覺的詩。

5. 注意光與影，留意光影的對比如何在每天的不同時間改變你的空間。當季節與你的心境符合時，擁抱黯淡的光與黑暗。

6. 在你的空間裡想想你所有的五官。這要看你住在哪裡，以及你所擁有的空間種類，但也可以包括任何東西，從打開窗戶讓微風進來，到在你的家具上使用有質感的織物；從燃燒精油到播放柔和音樂。你甚至可以考慮味覺，例如在你的簡單布置中使用水果和蔬菜，或者加入一些細節，讓你的早餐桌感覺格外特別。

7. 把你真的很寶貝的東西拿來布置你的空間，讓它增添故事與回憶。想想一些對照：過去與現在，務實與靈感，平凡與特別。只要在可能的時候，利用你擁有的東西來創造，或者將原有的東西改作用途，延續新的生命。

8. 想想彼此的關係與視覺和諧的重要性。這些東西與房間裡的其他東西，以及與這個空間相比，看起來與感覺起來如何？你的窗戶與出入口框住的是什麼？有什麼可以看到全景，什麼是部分隱藏，暗示

分享你的空間

19世紀時，拉夫卡迪奧・赫恩（Lafcadio Hearn，即小泉八雲）[19]寫了一段關於日本的著名文字：「日常生活裡最尋常的事件，都會被一種禮節改觀，這種禮節同時是如此質樸無瑕，似乎發自內心，不用任何教導。」[20]這種對當下與對方需求的關注，是日式好客「發自內心的款待」的核心。

如果你曾經待過日本的（傳統）「旅館」，你就會知道那種深度的放鬆不只是來自雪松木浴盆的療癒水或溫暖舒服的床墊，還來自鞠躬有禮與靜靜的關心，以及囊括在一句「ごゆっくりどうぞ」（音「goyukkuri dozo」，意為「請慢慢來」）的輕聲問候。

「一期一會」是很受喜愛的短句，經常出現在茶會室內凹間懸掛的書法卷軸上。它的意思是「這場聚會，

只在這個時候」，用來提醒人們珍惜這場特別的經驗，因為它不會再重來一次。如果在日本，有人邀請你到家中作客，不論有多麼非正式，你很可能會感覺被照顧到不可思議的程度。他們熱心與誠懇的好客，不僅展現在他們準備的食物與飲品，也展現在他們歡迎你的溫暖、對你的招呼無微不至，以及主人的隨侍在側。招待你的主人可能會說「どうぞ お召し上がりください」（音「Dozo, omeshiagari kudasai」，是「請慢用」的禮貌說法），然後你可能會鞠個躬，回答「頂きます」（音「Itadakimasu」，意為「我要開動了」）。這個儀式是開始分享餐點的可愛方式。

侘寂啟發的好客，不是指擁有一間全然井井有條的房子、全部出自設計師之手的家具，或是完美有教養的孩子。它是指以輕鬆、周到的方式分享你的家，而且對你的賓客體貼。說到這一點，我們不能忘記侘寂的典型即是茶室，這裡通常是質樸、低調、一塵不染，除了為賓客準備的東西，別無長物。這提醒我們要讓我們的空間在日常條件下，盡可能地乾淨、整齊、受歡迎。

想想那些常被用來描述視覺上侘寂的那類詞語——自然的、謙遜的、低調的。這和整晚守在燥熱的爐邊，以擺出六道完美的美味餐點讓賓客驚豔，是完全相反的；或者是當你把主菜燒焦了而驚慌失措、很在意你忘了加醬料，但是卻錯過了真正與賓客的對話。

注意細節能讓你的客人覺得賓至如歸——他們最喜愛的飲品、桌上新鮮的花、你珍藏的祖傳桌巾、一些營養的餐點、舒服的拖鞋、寒夜裡看星星的毯子。真正重要的是隨時留意、傾聽，共享這一刻。

* * *

§侘寂啟發的智慧：簡化與美化§

· 美存在於觀者的心中。
· 當你明白你已經是完美的不完美，你就比較不需要外物去增進你的自我形象。
· 心靈簡約是愉悅的源頭。

*

§試試看：以心靈簡約來實驗§

在一本筆記裡，快速寫下你對以下問題的想法：

· 你的實體空間讓你感覺如何？你最喜歡哪一

部分？你想要改變什麼？

· 你擁有的哪一類東西是超過你需要的？

· 你有什麼囤積習慣？可能反映在什麼生活習慣上？

· 你擁有哪一類東西是你很珍視的，而且可以更常用在你的日常生活中？

· 日本美學與心靈簡約的哪一部分對你特別有啟發？你可以怎樣把這些概念放進你自己的空間？

· 如果你可以放下生活中的一件東西（物質或非物質），那會是什麼？可能會有什麼不同？對美與心靈簡約更深的覺知，可以如何支持你對它放手？

· 你生活中的其他什麼東西，是你想要簡化的？

· 你真正需要的是什麼？

第三章

喜愛自然:

與自然共生

每年有數百萬的觀光客被日本的大自然珍寶吸引來訪──山脈、火山、溫泉、亞熱帶沙灘，以及世界首屈一指的雪景。這裡的風景經常提醒人們大自然與季節的遞嬗。日本人不只是觀賞自然，他們住在其中，還以它們為名、以之入菜、把它穿在身上，一生受到它的指引。

大自然的連結

我穿著襪子，跟在一位身穿作務衣（寺院工作服）、頭戴小布帽的禪宗僧侶的後面。這位來自瑞峰院的僧侶是個有大智慧和長篇故事的人。我想，對於這個安靜的地方，我問了太多問題，但他實在令人驚奇，我控制不了自己。我預約坐進院裡的（平成）「待庵」，這是千利休原茶室的複製版本，為紀念他逝世四百週年而建造。我們在這裡停留一陣子，從木迴廊上欣賞一座簡單的石庭，這時這位僧侶發現轉角有另外兩位寺院的訪客。

一位是打扮光鮮的年輕人，穿著時髦但是兩眼疲憊，背了一個有銀飾點綴的手提袋。他搭乘幾個小時的子彈列車，從繁忙且五光十色的東京，來到京都這座安靜的寺院，他看起來有點迷路了。這位僧侶上前和他說話。

「嗨，你是從銀座來的嗎？」他用一種極為親切的語氣問他。

「不，是赤坂。」這位眼裡布著血絲的男子順口回答，還轉頭看了一下他的女朋友，彷彿是要確認。她看起來也很疲累。

「你的工作是什麼？」僧侶想知道。

「我從事商業交流的工作。」這位訪客回答，顯然不確定為什麼他在一座石庭裡與一位禪宗僧侶聊工作。

「哦，那是什麼？你是指廣告？賣東西？」

「嗯……是的。」這位從東京來的男子說，一邊不安地向下看著他穿了襪子的兩隻腳。

很容易看出這位僧侶對於這個工作的想法如何。不是評斷，比較是對他的同情，他顯然工作到很晚，可能還得靠能量飲料和宵夜拉麵撐下去。

「我想，撥點空來寺院走走對你很好。」僧侶說。然後對我說：「你介意嗎？」

我原本是預約單獨一人拜訪這個地方，但現在看起來像是三位疲憊旅人的集合，可以一起感受茶室的寧靜。

「當然不會。」我回答。

所以，這位僧侶帶著我們所有人，招呼我們進入待庵，這是我見過最小的茶室。茶室全是用一根根經過挑選的木頭蓋起來的，這幢小建築很精緻。在裡面，朦朧

的太陽光從紙糊的窗戶篩進來，停留在空氣中，照不出一點灰塵。角落是暗的，但懸掛著的卷軸似乎在凹間發出微光。

在這個親密的空間，代表了數百年的文化與歷史，我打破寂靜，問了侘寂的問題。

這位僧侶停頓了一會兒，歪著頭說：「侘寂就是自然；這是關於事物在它們自然、最真的狀態。就這樣。」

從東京來的男子緩緩地點點頭，臉上綻出豁然開朗的樣子。「原來如此，」他說，「我明白了。」接著說：「我大老遠跑過來，等了這麼多年，怎麼會由一個外國人在我知道這個答案之前，問了這個問題？」

日本人的自然之愛

儘管這是僧侶的想法，要解釋侘寂與自然之間的連結，仍是出乎意料的挑戰。這就像嘗試在顯微鏡底下看東西，但太近了，結果還是模糊。一個侘寂的世界觀，是預期自然的根本真相，以及生命的循環。侘寂誕生於這群人，他們傳統的自然觀相信他們是自然的一部分，而不是與它切分。然而，因為侘寂與自然如此緊密相關，當我們嘗試用語言文字描述那種連結，只得到這樣模糊的觀點。要把它看得更清楚，我們得離遠一點，重

新校正我們的顯微鏡、調整眼睛的焦距。

根據《劍橋英語詞典》，「自然」是「世界上所有動物、植物、岩石等，以及所有發生或在於人類以外的面貌、力量與過程，例如天氣、海洋、山脈，小動物或植物的繁衍與成長」，以及「與實體生命有關的力量，有時候會談到人類」。[1] 日本相同重量級的詞典《廣辭苑》對自然的主要定義，只寫著：「事物原來的樣子。」[2]

就其精義，侘寂的經驗是對美的直覺反應，反映事物如實的真正本質。換言之，這是一種美，提醒我們萬事萬物皆是不恆常的、不完美的、不完整的。侘寂的經驗通常出現在有自然物的場景，這是為什麼花時間在大自然裡可以是如此有力的經驗。這能提醒我們，人類是神奇的一部分。藉由暫時讓我們擺脫排山倒海的待辦事項、繁雜工作與行政事務的迷霧，侘寂舉起一面鏡子，映照出生命的偉大——而在鏡子裡，我們瞥見了自己。

森林不會在意你的髮型如何。山巒不會因為任何職稱頭銜而移動。河流繼續奔騰，不管你有多少社群媒體追蹤、你的薪資或你的人氣指數多寡。花朵繼續綻放，不論你是否犯了錯。自然就是如此，歡迎你，如你原來的樣子。

我們體驗侘寂的能力，讓我們重新連結到這些真相，讓我們去感覺，當下無條件地被接納。

自然對文學、藝術與文化的影響

當我向一位日本教授諮詢「與自然共生」的翻譯，他建議用「自然を愛でる」，意思是「喜愛自然」。

> 日本人打從他們開始書寫，就一直書寫著自然與四季。

這份日本人對自然特有的愛，其古老根源為宗教，在數世紀的歲月裡，對藝術與文學影響極深遠。直到今天，自然仍影響著日本人日常生活的節奏與儀式，而他們對當地的季節變換，也會給予特別的關注。

我青少年時，在房間的牆壁上貼了一首松尾芭蕉的俳句。它是這麼寫的：「第一陣冬雨。從現在起，我的名字該是旅人。」[3] 在這隻字片語裡，這位才華洋溢的詩人捕捉了我對所有臥房門外，在廣大狂野世界冒險與探索的所有想像，同時也把我送到了17世紀的日本一個又溼又冷的冬天。

全世界的第一部小說《源氏物語》是一千年前由紫式部撰寫的，當中俯拾皆是對自然與四季遞嬗的描寫。同樣地，大約相同時期由清少納言撰寫的《枕草子》，開篇第一句就是經典的：「春，曙為最。」[4] 這部平安時代著名宮廷日誌的整個開場，細膩描寫了作者對每個

季節最喜愛的部分。《枕草子》通篇提到很多自然的部分，過了十個世紀，它還是一部經典。

日本的自然寫作不僅強調地方感，更重要的是，強調了時間感。這是受到季節的感染或影射而激發，而且透過對無常的觀察。這種無常以兩種方式呈現——透過某種曾經存在但已不在的消逝，以及透過稍縱即逝的概念，某個事物現在還在，但很快將不復存在。

日本最具影響力的詩人之一藤原定家經常用這種方式書寫四季，以濃厚的情感將自然與文學交織在一起。從葛飾北齋（1760-1849）的木刻印板，到吉卜力工作室宮崎駿的現代動畫，自然在日本的藝術中隨處可見。

日本的建築也深受自然的影響，如第二章中討論的。風雅的自然也扮演了重要的角色，是日本文化許多傳統面向的核心——插花、盆栽、茶會等。「尺八」是日本傳統樂器之一，這是一種用竹子做成的笛子。在技藝高超的演奏者手中，它可以複製許多自然的音樂，從淙淙的水聲、恐怖的風聲，到鵝鳴和傾盆的雨聲。

語言中的自然

人名和地名也經常出現與自然相關的字。快速掃過日本的地圖，就會看到如秋田、千葉和香川這些地名。

一些近幾年最常見的男孩名包括朝陽、晴，而常見

的女孩名包括葵、杏、美櫻。[5] 而且不只是名字。在日本十大最常見的姓氏中，我們可以看到小林和山本。[6]

還有一些美麗的詞藻用以形容自然中特別的現象，例如「木漏れ日」，用以描寫陽光篩過樹間，日光點點灑在地表上的樣子。「木枯し」表示冬天一種特別的風。在日文裡至少有五十種方式描述下雨。擬聲詞被廣泛使用，包括用來傳達與自然相關的聲音。「ㄗㄚ―ㄗㄚ」描寫傾盆大雨，「ㄅㄡ―ㄆㄡ―ㄅㄡ―ㄆㄡ」意味水輕輕冒泡，而「ㄒㄧㄡ―ㄒㄧㄡ」則是狂風的聲音。

詩中運用了整本年鑑裡的季節字彙，也有季節限定的信件與電子郵件問候語指南。一封最近由一位日本男性友人寫給我的信是這麼開始的：

> 哈囉貝絲，最近好嗎？
> 昨天水仙花開始綻放，櫻花也快綻放。今天早上，我們吃了從花園摘的韭菜。很美味，告訴我們春天來了……

短箋的一開頭這麼寫最美的是，它透過書寫者當時體驗的季節細節，具體而微地展現了他們生活的一瞥。在短短數行裡，它們可以載送你到一棵櫻花樹下享受一片陽光的溫暖，或者吃蜜柑時，把雙腿縮在暖桌下，而窗外兀自飄著細雪。

季節的節奏

　　創造我們自己的季節傳統，可以是一種崇尚自然節奏、留意我們生命中流逝的時間的絕佳方法。

　　我在日本鄉間最美好的回憶之一，是我和一位年長的鄰居坂本奶奶一起度過的時光，她是一位年近九十的慈祥女士，會招呼我幫她做柿餅。她教我幫這種硬水果削皮後，用一條長長的繩子把柿子的蒂綁起來，然後掛在一根竹竿上。*之後，你讓它們風乾。第一個星期，你不要碰它們，在接下來的三個星期左右，定時為它們輕輕揉捏。這會讓水果裡的果糖擠出表面，最後看起來像是表面沾了糖粉。試吃附注：柿餅配綠茶非常美味。

　　打從坂本奶奶還是小女孩的時候，長達八十年的每一年，她都進行製作這道食物的儀式。對她來說，柿餅就是秋天。

侘寂的連結

　　所以，所有這些如何連結到侘寂？以一種溫柔、美麗、從樹葉空隙灑下陽光的那種方式。

---

*　日本柿餅的風乾方式採吊掛，與臺灣晒柿餅的方法不同。可參見：https://venuslin.tw/ja-shika-korokaki/。

每一道自然靈感的光都提醒我們留意與欣賞此刻此景，欣賞其轉瞬即逝的美。如果你拜訪日本，你很快會發現春、夏、秋、冬四季[7]如何交織在日常生活的紋理中：春天帶來櫻花與賞花會，夏天有節慶，與身著和服的人漫步在河邊尋找螢火蟲；秋天迎接賞月與楓葉，尤其夜晚點燈後更令人陶醉；而冬天則迎來寧靜美麗的雪景。在每個最微小的細節都有季節的證據，從食物到裝飾，從衣著到節慶。

我認為，這些細微觀察、節慶、傳統，以及日常生活諸多瑣瑣碎碎的重要性，是侘寂何以如此深植於日本人心中的原因。

標記時間

日本人從古代就對季節有仔細的觀察。根據傳統的日本曆法，他們其實有二十四個小「節季」，每一個節季大約十五天，還有七十二個更短的季，稱為「候」，每一候大約五天。[8]這套曆法最早是於862年採自中國，最後於1684年由宮廷天文學家澀川春海加以改良，以符合當地的氣候（尤其是京都附近）。[9]每一個小節季與候都有一個名字，畫上一張令人浮想聯翩的圖畫，描繪那個時節的自然世界。

很快看過一年裡我喜歡的幾個候名，包括：「東

風解凍」、「黃鶯睍睆」、「霞始靆」、「櫻始開」、「蠶起食桑」、「麥秋至」、「溫風至」、「土潤溽暑」、「蒙霧升降」、「禾乃登」、「玄鳥去」、「霜始降」和「朔風拂葉」等。[10]

> 季節是一種侘寂節拍器，固定地喚起當下，提醒我們去留心、品味與珍惜。

有助你接收自然訊息的問題

無論是一年的什麼時候，或者你在世界的哪一個地方，你可以利用下面的提示，幫助你留意更多你所在當下的環境。試著利用你所有的感官，尋找細節。若你一整年當中常常回來看這些問題，你將會發現，跟著季節的腳步，能如何改變你觀看世界的方式。

1. 天氣怎麼樣？想想水、風、太陽與你所在地的任何特別條件。
2. 光線怎麼樣？
3. 夜晚的天空怎麼樣？
4. 什麼植物與花朵正在萌發？正在開花？正在凋謝？正在躲藏？
5. 你最近注意到什麼動物？
6. 此刻的季節裡有什麼要素？
7. 最近出門時，你穿什麼？

8. 你最近注意到的季節顏色是什麼？

9. 你最近注意到的季節聲音是什麼？

10. 你最近注意到的季節味道是什麼？

11. 你最近注意到的季節質地是什麼？

12. 你現在覺得怎樣？心情如何？

13. 你的健康狀態如何？你的能量水平呢？

14. 你此刻需要練習什麼自我照顧？你要如何順服季節？

15. 你最近慶祝了什麼傳統，或觀察到什麼？

16. 探索記憶深處。你與什麼自然相關或季節傳統一起成長？不論是你自己家中的，或是社區的。你現在可以怎樣將那些傳統裡的元素帶進你的生活？

17. 你可以如何用溫柔的方式，將這個特別的季節記下？

接收你的自然節奏

日文中有一句話說「一葉知秋」，意思是：「看到一片落下的葉子，就知道秋天到了。」這一句諺語被用在辨識即將發生改變的情境。日本人將季節視為路標，明白提醒我們自己的自然節奏。

在現代生活裡，這些提醒經常被干擾，例如我們用強烈的人工光照延長我們的白天，用電子產品的藍光擾亂我們敏感的生理節奏，催促我們要具有高生產力，只

因為今天還是工作日。我們用力撐住，不管我們的身體是否一直告訴自己該冬眠了，或者該出門晒晒夏天的太陽——之後才奇怪自己為什麼會生病？

季節是一種定期的提醒，提醒我們不需要總是匆匆忙忙。每一個推力都需要一個拉力。每一個膨脹都需要一個收縮。每一個努力都需要一段休息。我們需要創造的時間，需要尋求靈感的時間。吵鬧有時，安靜有時。專注有時，放空有時。起起伏伏。月盈月虧。總是有這些對比。侘寂邀請你接收你自己的自然節奏，在你生命的這個季節，在這一年的這一季，在你這一天的這一刻。

火祭的教誨

京都北部的鞍馬平常是一個安靜的小鎮，遊客在天然的溫泉裡放鬆，或者沿著神社的步道爬山。但今天不一樣。今天是一年一度的火祭，燃燒的火炬與被照亮的天空吸引了更多的人。非常多。當夜幕垂下，黑暗降臨時，街道上熱鬧起來了。

吟唱開始了。接著是踏步。男人們只穿著 G 弦褲和葉子串成的迷你裙，在街上行走，剛開始時很慢，慢慢習慣他們肩上 15 英尺高的火炬的重量。小孩也緊抓住手上燃燒的小火把，跟著他們父親的腳步，隨著二百五十把火炬跳動的火焰，他們個個露出驕傲的笑容。

柔和的吟唱音量強度逐漸增加，直到歌詞成了吶喊，回盪在整個夜晚的空氣裡。他們行進穿過街道、穿過人群，爬上神道教由岐神社的前階，他們的任務是沿途引領「神」（kami）前進。

類似這樣的祭典從古代就有，在整個日本很多地方依然一年四季都可見，當中很多與宗教有強烈連結；其他則與農業、季節或標記人生的不同階段有關。基本上所有這些祭典都在某方面與自然或生命週期緊密相連。

神之道

我們之前提過佛教的影響，但我們也必須考慮神道教的影響，這是日本本土的宗教傳統。神道意味「神明之道」，「與農業週期和自然界的神性緊密相關」，[11] 而且是以崇拜神明為中心。神明可以存在於生命和無生命，從山巒、溪流，到動物和石頭。

一位退休的神道教大師山蔭基央說：「作為日常生活的一部分，也不仰賴複雜的哲學，日本人從古代就喜愛自然、敬重自然，當它是神所賜與的禮物。」[12]

神道教學者，也是《神道》（*Shinto: The Kami Way*）一書的作者小野祖教博士說：

　　神社參拜與一種美感很有關聯，一種大自然的

神祕感，它扮演了一個重要角色，帶領人類的心從平凡到更崇高、更深遠的神明世界，並且將他的生命轉換成一種與神明共存的體驗。再多的人工美都不足以取代自然之美。[13]

山伏（修驗者）的啟示

我一向對山伏充滿嚮往，他們是住在山裡的苦行隱士，居住在山形縣的出羽三山地區；山形縣正是我以前居住過的地方。出門去羽黑山健行時，我偶爾會瞥見他們穿著白袍，帶著法螺貝做成的喇叭，靜靜地前往山裡的一個靜僻處。山伏的宗教被稱為「修驗道」，通常被描述成佛教、神道教與道教三方面的混合。

許多年來，市民跟著山伏經歷一段密集的訓練與神聖的朝聖活動，已經成為某種傳承儀式，包括在冰冷的瀑布下靜坐。近來，這種訓練也對非日本人開放。[14]

帶領這條參拜路線的山伏第十三代傳人星野大師告訴我：「人們總是問我山伏訓練的意義。山伏訓練是把你自己放在大自然裡，冥想你的感覺的哲學。首先，我們體驗。然後，我們反省。有的事情若沒有經過直接的體驗，便無法習得。在山上，山就是老師。」

山伏訓練的中心哲學只有一個字詞：「受けたもう」（音「uketamo」），意思是「我虛心接受」。那是對開放與正念的有力邀請。當我們想邀請自然成為我們

的老師，這對於身處大自然裡的任何時間來說，都是一句很棒的密語。

森林的啟示

我很少仰躺在覆滿白雪的森林地上，雙眼循著鳥類飛行的路線，耳朵諦聽遠方的水聲。頭頂上，樹木的剪影襯著石洗牛仔褲顏色的天空，小樹枝的尖端因冬末陽光的照耀而銀亮。

我正在高島市琵琶湖畔的一個小城鎮，享受基礎的「森林浴」——這個詞在1982年時，由當時的日本林野廳長官秋山智英發明的。這是一個發源於日本，相對新式的療法，現在已經過科學證明確認某種我們從骨子裡就知道的道理：樹木對人類有益處。

當我們的生活步調愈來愈快，愈來愈注重衛生，許多人感覺與自然和自己失去連結，彷彿少了某個重要的東西。人們早就了解，待在大自然裡，尤其是在森林的樹林間，會有某種鎮定作用，但直到過去十年左右，持續有同行審議的科學結果進一步增強它作為預防藥物的概念。它後來被稱為「森林療法」。實驗結果顯示它能增進心理健康、增強免疫系統、降低壓力水平、降低心跳和血壓。[15]

這些作用不只因為森林浴時平和的氛圍與和緩的運動，也因為與樹木的實際互動。有一份報告發現，森林

浴之後，當事人會有明顯較多量的自然殺手細胞，這是一種淋巴球，能增進免疫系統對病毒和癌症的防衛——這項作用能在森林浴後持續七天。進一步的研究顯示，免疫系統的增加，至少部分是暴露於芬多精下的結果，芬多精是一種由植物和樹木釋放出來的物質。[16]

回到森林，這個鹿、猴子、野豬和熊的家，三月已經降臨，但寒涼的季節仍徘徊不去；樹木仍然暗黑光禿。由於沒有樹葉遮蔽，很容易看見鳥巢。我看到一對鳥朋友，可能是茶腹鳾，在樹枝間愉快地跳來跳去，一副無入而不自得的樣子。

我們的嚮導清水先生是一位活力充沛的退休人員，對當地的動植物如數家珍。他從頭到腳都穿紅色的，腰帶上則綁了一壺綠茶，他的脖子上掛了一只聽診器，當然是為了要聽水聲。他是數百名有證照的森林療法嚮導之一，在全日本的官方地點工作。

清水先生已經看過這條步道的每一個季節，對它的祕密瞭若指掌。「來，過來看這個青苔，」他召喚著，給我們一只放大鏡，「還有這裡，來看看雪怎麼在這些山毛櫸的樹幹周圍融化的，這是它們的能量在運作。」他邀請我們慢慢走，運用我們所有的感官，並留意我們身邊生命世界的細微動態。

我們的療癒課提早了幾個小時開始。首先，我們在一條小溪裡洗手，感覺水的清涼，傾聽它淌淌流下一個

小瀑布。我們輕鬆健行到一個溪谷底，從一個180度轉彎處，可以看見遠方的原野和山脈。我們在那裡停下來喝水，吃烤杏仁，然後進行我們第一個安靜的練習。我們每一個人選一個方向，先看向最遠方，然後是中距離的地方，然後是近處，根據我們眼睛焦點所在，看看同一片景觀如何改變。

在另一堂森林療癒課，你可能會一邊聽長笛音樂，一邊躺在一張吊床上，吸收樹木的療癒能量，或靜坐，或打赤腳感覺腳底下不同的地表。進行活動的內容，是根據地點、嚮導和季節而定。

「很顯然，我們的身體仍然認得自然是我們的家，隨著愈來愈多人居住在城市與郊區的環境，這一點是很重要的。」千葉大學環境健康實地科學中心副主任宮崎良文教授說，他提出「森林療法」這個詞，來描述有科學證據支持的森林浴。[17]

他的研究測量了森林療法的直接好處，只要十五分鐘，包括那些已知能抗衡癌症與發炎的自然殺手細胞的增加、心情放鬆、壓力降低、血壓降低，以及一般認知的幸福感。

「不只森林對我們的幸福有益處，」宮崎教授說，「其他的自然刺激物，例如公園、花朵、盆栽，即使是幾根木頭，都顯示能降低壓力，對我們所有人產生作用，即使是對城市居民。」[18]

最後，我很高興當明月仍高掛天空時，我逼迫自己離開舒服的日式床墊，搭上早班火車來到森林。我覺得全身放鬆，再次充滿活力，那天晚上，我像嬰兒般熟睡。

撰寫《日本人的心理結構》這本探討日本人性格經典的病理學家土居健郎在書裡提出精闢的觀察，日本人很喜愛大自然，因為當他們身處其中時，不需要遵守任何社會規範：「可以說，他們與自然合一了……從他們的角度看來，和與其他人在一起時比起來，他們與自然在一起時，感覺比較人性。」[19] 我很確定許多非日本人也這麼認為。

自然的幸福

有大量的科學證據能向懷疑者保證流連在森林裡的益處，而官方的森林浴已經鼓勵很多人進入樹林，這點值得慶賀。

然而，我們不要誤會，以為你必得走在正式的步道，有一位正式的嚮導，才能享受樹林的療癒力。我認為，我們有很大量的機會採納有證據作為基礎的森林療法，並在較荒野的地區來釋放它們。走路、健行、在樹間做瑜伽、爬樹、擁抱樹木、和它們說話、背倚著大樹書寫日記，都是很好的方式。

日文裡有一句成語是「花鳥風月」。它指的是沉

思自然之美。這一類的沉思能激發對我們內在本性的省思，提醒我們身為偉大整體的部分之角色，以全新的角度看每件事。

我對森林浴的希望，是希望它能像瑜伽一樣——成為值得向一位教練學習的活動，但是也可以獨自一人，或者小團體進行，不需要太多的架構、裝備和規則。只有你和樹木——或者你、樹木與你的瑜伽墊——找到你自己的節奏，深化你與自然的連結。

> 森林邀請我們打開心胸，並且傾聽。

森林的藥效絕不只是一種暫時的健康流行。人類自古就住在森林裡。大自然在我們的血液裡。在我們的骨髓裡。在我們的人類精神裡。它是山脈魔力的召喚，是海洋漩渦的拉力；是微風的細語，是樹林間的祕密。

對我而言，森林浴不是某件新鮮的事；而是某件我們心底知道，但很多人已經忘記的事。當你在一座平緩的森林漫步，在樹間體驗正念的時刻，你會感覺到一股支撐力、受到支持，一種情境轉換。就像是回到一個老朋友面前，只要你在他的門口出現，他就會把你拉近，在你的耳邊呢喃祕密。

在現代世界，我們花了太多時間關在衛生條件良好的方塊裡——在我們的家裡、車子裡、辦公室裡。花點時間踏出那些方塊，親近戶外荒野能使我們的感官敏

銳，提醒我們生命的可貴。有時候，我們需要被剝奪每樣東西，真正的美才能顯露出來。我們需要簡單來提醒我們，生命不全是關於累積。而我們需要鳥語和寬廣的天空，提醒我們是大自然的一部分。荒野是我們身而為人的一部分。

森林浴的首要祕訣

以下是在你住家附近的森林進行森林浴的一些要訣。下次你出發前往林地探險時，不妨帶著這份清單：

· 慢慢地走。現在將你的步伐速度減半。然後再減半。

· 享受當下。把你的手機放進口袋裡。

· 用你所有的感官探索環境。留意感覺你腳下的土地、空氣的味道、樹林裡的風、光和影。抬頭，往下看，往周遭看看。

· 把兩隻手掌併攏成杯狀放在耳後，捕捉森林裡的聲音。你聽見了什麼？聲音從哪裡來？是低音還是高音？在遠處還是近處？

· 觸摸。留意樹幹、樹枝和葉子摸起來有什麼不同？

· 留意處於生命週期的事物。什麼正在萌發？什麼正在生長？什麼正在凋謝？

- 深呼吸。你能聞到什麼氣味？
- 看看天空。尋找有動靜的東西。數一數顏色。你能看見某種顏色的幾種層次？多留一點時間，觀察其間的變化。
- 如果你能辨識什麼是可食的，懷著感恩的心慢慢品嘗一顆野莓或一片樹葉。
- 撿拾森林的一片落葉或一顆落果，仔細地看。你看見了什麼？
- 保留一些靜默時間，即使你是參加一個團體活動。應該說，尤其如果你是參加一個團體活動。試著靜坐、伸展，或者只是背靠一棵樹坐下來。
- 躺在兩棵樹中間的吊床。在你掛上吊床之前，先取得這兩棵樹的同意。
- 脫下鞋子，感覺你腳下的泥土，或者把腳趾頭泡在水裡。
- 留意當你被這座森林支撐時，是什麼感覺？不要匆匆忙忙。盡可能拉長你在森林裡流連的時間。
- 找一處吸引你的地方，在那裡待一段時間。幫它取個名字。幫它編一個故事。改天、另一個季節時再回來，看看有什麼改變。

流連大自然中時，問自己這些問題：

· 當你被這座森林支撐時，是什麼感覺？
· 當你用力伸展雙臂，打開心房時，浮現於你
　腦海的是什麼土地的故事？
· 你可能想要與流水或有智慧的老樹分享什麼
　祕密？
· 你有什麼願望想要像落葉一樣撒在林間，讓
　風帶到你不知道的地方？
· 在這一天、這個地方，你想為自己許下什麼
　承諾？

　　補注：當你進入森林時，請確保採取一般的安全
措施。若你此時無法接近住家附近的樹林，試著將柏樹
或雪松木精油放到你的擴香儀裡，或者在家裡放一些植
物。（見第二章，如何將自然帶進室內的其他想法。）

培養一種和諧的關係

　　最近一次和幾位日本朋友一起健行，我們來到一處
有棵倒木的裸露岩塊旁，這裡最適合坐下來喝一杯新鮮
泡煮的烏樟茶（kuromoji-cha）。這對我來說是一種新口
味，起初喝起來有點辣，後來覺得甘甜。好喝。喝茶中

間，我們堆迷你雪人，看見預示春天的小芽，我們談論我們如何喜愛自然，為什麼喜歡自然。

我們也含蓄地談到日本在最近一個世紀大自然被如此摧殘的情形。雖然日本的典型形象通常包括了自然的印象，例如大片連綿的盛開櫻花，或是經典的富士山峰，但許多日本自然景觀與野生動物已經因1868年明治維新[20]以來加速的工業化，以及20世紀後半葉經濟力量的興起而大幅消滅，這也不是祕密。

我從這個團體得到的最主要印象，是他們確實認為自己是自然的一部分，不是和它分開的，但他們恐怕很多人已經在急於追逐經濟成長時，失去了他們與自然的連結感。事實是，許多啟發松尾芭蕉與葛飾北齋之流人物的大部分環境不是消失了，就是現在拍照時很難不被前景的電線或建築物擋到。

與自然的連結愈來愈薄弱之感，與電影導演宮崎駿知名的動畫呼應。他的電影表現了神道教的觀點，認為人與自然之間有一種連續性，他藉由他的電影談論這個人類與自然分離的新議題，不論是人類想控制它，還是摧毀它。

我們這個時代的主要挑戰需要我們回到自然，而不是與它愈來愈疏遠。

令人讚嘆的瞬間

　　在某個灰色一月的早晨，我正要前往牛津的博德利圖書館附屬日本研究圖書館（Bodleian Japanese Library）為這本書找資料，這時我抬頭在天空看見不是一道，而是兩道彩虹。我怔在原地，充滿敬畏地望著這份禮物，我從來沒有看過和這次一樣的景象。當我看著的時候，我可以看到它不斷變化，顏色有時變深一點，有時變淺一點。這時一位青少年迎面走來，頭低低地，全神貫注在他手上的手機，幾乎撞到我了。「你看。」我忍不住輕拍他的手臂說，一邊手指著天空。「哇嗚──」他說，然後轉身站在我旁邊，兩個陌生人就這樣一起享受虹與霓兩道彩虹的美妙時刻。兩分鐘後，它就消失無蹤了。

　　自然是奇蹟的家。複雜的生長、堅毅的故事、轉瞬的美浮現又化成泡影。當我們挪出時間駐足欣賞，每一個禮物都提醒我們留意我們生活中倏忽即逝的美。

＊　＊　＊

§侘寂啟發的智慧——與自然共生§

· 大自然提醒我們人生的短暫。

· 留意季節的轉換是活在當下的一種方法。

· 大自然的節奏提醒我們接收自己的自然節奏，如此我們知道何時要向前衝，何時要放輕鬆。

*

§試試看：沉思§

空出時間在大自然裡沉思：

· 生命的無常

· 光明與黑暗中的美

· 微小的細節與廣大的視界

· 季節的線索與禮物

· 對天氣的感官體驗

你還留意到什麼？當你用心傾聽時，它正在告訴你什麼？

第四章

吾唯足知：

接受與放下

英文與日文之間的翻譯有兩種方法。一種是「直譯」，將實際的字直接翻譯；另一種是「意譯」，一

> 一切都是不恆常、不完美與不完整的。

種對意義的上下文語境的翻譯。從翻譯句子的每個部分來看，直譯也許被認為比較「完美」，但它沒有考慮它的接收者的背景，就像一個「完美人生」的概念沒有考慮到我們複雜與挑戰的現實。「意譯」——看似「不完美」的版本——往往更加有力、優雅、有價值多了，能提供更準確的翻譯，就像「不完美的人生」才是人生的真實面貌。

侘寂的核心啟示是接受人生的真正本質：每一件事都是不恆常、不完美、不完整的。

在這一章裡，我們將審視接受我們自己、我們的過去、現在與未來。最後，我希望你會感覺到一種改變，體驗到個人力量中，伴隨放下「完美」、接受如實面貌而來的，一種壓力與衝動的釋放，從而站在一個全新角度的立足點。

事情會改變。這就是人生。

每次我來到京都，總覺得既熟悉又陌生。有的建築物多出來，有的拆掉了。開了新的店，而有的店消失

了。一間我喜歡的咖啡店被另一間取代。幾年下來，這座城市已經被戰爭、地震、大火和觀光改變。當然，季節的變換是這裡的日常，視覺與情緒上對時間流逝的提醒。

最近，我在東京和一位老朋友見面，我已經超過十年沒見到她。見面時，我倆都尖叫出來：「妳一點都沒變！」雖然實際上我倆當然在很多方面都變了。自從我們上次見面以來，我結婚了、有了兩個孩子、創立了一間小公司，搬家的次數連我都不記得了。她在國外待了一段時間、換了幾份工作、與一個疾病奮戰、遭遇喪親之痛、多學了一種新語言……這每一項成長經驗都形塑了我們，有時候一點，有時候很多。

我們的生活、人際關係、工作、健康、經濟、態度、興趣、能力、責任與機會總是在改變。有時候這項改變很重大或來得很快，你明顯感覺它像一陣呼嘯而過的風。其他時候，改變可能不明顯或很緩慢，像是一朵水仙花向著太陽抬起頭來，你得仔細看才看得出來。

沒有一個地方可以維持完全靜止不動。我們亦然。侘寂教導我們，變動的瞬間即逝才是萬事萬物的自然狀態。正如同變化是不可免的，試圖抓住過去或現在，是徒勞，也是給人壓力的。

多年投入支持人們經歷人生重大改變的這些日子，我發現到人們對改變的態度可以有多麼大的不同。在光

譜的一端是那些很怕改變的人，他們願意做任何他們能力範圍內的事去保留現狀，即使他們不是真的喜歡。在光譜的另一端則是擁抱改變、將它當成逃脫機制的人，而且往往是習慣性的，以致於當事情開始變難的時候，他們就跳到其他的事情上，通常後來也會責怪自己從來不堅持到底。也有很多人是介於兩者之間，他們知道改變的需要，而且真的想要擁抱改變，但因為恐懼而卻步。我想知道你是在這個連續光譜的哪一個點上？

我在一位東京郊區鄉下的朋友家，一邊吃紅米和煮物，一邊談論無常的概念。他手指著外面長了一小叢竹林的花園，說：

> 你在這裡就可以看到改變正在發生。竹子一直都在生長，而且對變動的環境很敏感。它的根抓得很穩，但很有彈性。當風吹的時候，竹子不會抵抗；它跟著風搖動。但整個竹林還是繼續生長著。想一想這個多地震的國家裡的建築物。能熬過地震的，是那些震動開始時，就能跟著搖動的建築物。

**彈性即力量。
要像竹子一樣。**

我想，我剛才彷彿經歷電影《小子難纏》裡空手道宮城大師的醍醐灌頂。

穩定能讓我們感到安全，但這是建立在錯誤認知、以為事情不會改變的穩定，這是一種不牢靠的穩定；因為每件事都會變。當一個突然的改變從外部源頭而來——例如裁員、損失、外遇、疾病——其震撼是非常巨大的。剛硬其實讓我們脆弱。當改變來襲的時候，如果我們死命地想要抓住我們所知的，它會把我們擊倒。但如果我們接受正在發生的事（不必然是高興，或是縱容它，但是對正在發生的事情務實面對），我們也許會被吹得七葷八素，但不會被完全擊倒而失去平衡，我們可以早一點復原。

接受過去

我們很容易把時間花在流連過去的時光，沉緬於懷舊，飽受悔恨、責怪自己沒有做出不一樣的決定，或者責怪某個人。回到那個時候，你並不知道你現在知道的事。你沒有相同的資源、環境或責任。也許你沒有相同的願景、自覺、勇氣或支持。或者，也許你是回顧過往的輝煌歲月，當時生活無虞，你有更多的這個或那個。但重點是：過去已經不在這裡了。不論過去發生什麼事，好的或壞的，都已經過了。

不論絆住你的是什麼，花一點時間撫平它，然後放下。這聽起來很難，但也可能簡單到只是下決定這麼

做。把它寫出來。如果有需要，和一位專家談談，或者向一位朋友傾訴。然後找一天──例如你的生日，或者季節轉換，或者新年，或者下週二──讓它成為你與過去某一件事告別的日子。只有你一直留意那件事。

侘寂教我們接受過去是過去，過去是那個時候的樣子。現在是現在，現在是現在的樣子。你的人生是現在正發生的事，每一天都是餘生的開端。

接受現在

接受是與當下此刻的真實結盟。在當下此刻，對你的人生而言，什麼是真實的？你手上拿著這本書，打開心房接納另一個文化的想法。也許你正啜飲一杯你喜愛的茶，或者你正被一隻在房間裡亂飛的蒼蠅弄得心煩意亂。

也許你的窗戶是開的，你可以聽見外面車子呼嘯而過的聲音。或者陽光正在你的書桌上投下一道影子。也許你正在理髮店，準備前往夜晚的特別約會。或者，你剛結束啟迪人心的一段對話、剛和別人大吵一回，或者剛看完一則大新聞，然後回到這一頁上。也許你正在公車上讀到這一段，或者你正在廚房裡，一邊看著火爐，留意你準備的派是不是烤好了。

我想知道你是否覺得熱，或覺得冷，或者剛剛好？

你是否能聞到烘焙的味道，花園的味道，或者即將下雨的味道。你有播放音樂嗎？時針在走動嗎？你是正泡在浴缸裡，傾聽自己呼吸的聲音？

花幾分鐘想想你此刻的人生實況。這一刻是你正在過的時間。你無法將它永遠延長。到了某一個時間點，你的派會烤好，洗澡水會涼掉，夜晚會降臨。接受我們無法持續或控制現狀，是侘寂很有力的啟示，提醒我們珍惜此刻擁有的美好，並且知道一切不好的事也將過去。

每當你感到壓力、擔憂、沮喪、迷失或孤獨，將你自己定錨於此刻的實況。注意你的身體發生什麼事，你的周遭發生什麼事。感覺你感覺到的。明白這只是這一刻，很快此刻就會換成另一刻。

每當你覺得無法承受，試著接受此時能做的事情是有限的。你只能做你能做的事。這不是要關閉可能性，而比較是明白自己的能耐，讓你不再奢望自己不可能做到的事，放過自己一馬。

每當你體認真實故事的一刻，全心地吸納它。將自己定錨於此時此刻的景象、聲音和氣味，如此一來，當這一刻過去時，它能夠轉換成一段珍貴的記憶，而這一刻一定會過去。

龍安寺的啟示

我清楚記得我第一次看到京都龍安寺地上著名的「蹲踞」（手水缽）那一天。

那一年我十九歲，從語言學校回家途中，我在這座寺院停下來。在主建物後面，知名的枯山水石庭旁，一個苔石塊的凹處，靜靜躺著一個手水缽。但是從它吸引到的目光，我知道它不是普通的手水缽。每一位寺院訪客都停下來看，蹲下身拿起竹杓，舀起一些水來洗手。每個人都停下來沉思一會兒。很多人照相。顯然這不只是一個清洗的儀式，讓我不禁也想一探究竟。

走近一看，我看到圍繞著中央方形水缽的，有四個字。當時我的日文還不是很好，我很高興自己認出上方的那個字，是數字裡的五。但我不認識其他字，也很疑惑吸引大量訪客的是什麼。我鼓起勇氣去找一位僧人，

我指著蹲踞，問這些字的意思。

他說：「吾唯足知。」當中沒有一個字的意思是「五」，所以我還是丈二金剛，摸不著頭腦。我把那個圖畫下來，回去查字典，問我的住宿家庭媽媽。

最後，我終於知道這個字分開來看並沒有太大的意義，但是加了中間的方塊「口」以後，把每一個字合起來，它們分別變成「吾唯足知」，也就是那位僧人所說的。直接的翻譯大致是：「我只知道足夠了。」比較文雅的說法是：「知足者是富有的。」或者：「我本自俱足。」

> 我們本自俱足。

這個訊息在那裡很久了。這是我們內在具有的智慧。明白我們已經擁有什麼，是滿足的關鍵。我們只要接受它、信任它、擁抱它。

我們所謂的完美是什麼意思？

我們一再被推銷的「完美人生」是我們在廣告上看到的人生 —— 一種可預測的、時尚的人生經驗，省略了困頓的情緒與得來不易的艱辛過程。那通常是光鮮亮麗、經過修飾、沒有皺紋的幸福照片，在沙灘上奔跑、坐在美屋裡，或者和一群同樣光鮮亮麗、完美修飾、臉

上沒有皺紋的朋友一起談笑的畫面。或者是Instagram 上完美時尚的家、彬彬有禮的孩子，或者完美鍛鍊的身材。

只要我們擁有最新潮的手提包，或者車子，或者健身房會員，我們的人生也可以算完美。我們忘記的是，廣告裡展示的是電影場景人生的捏造時刻，而流行的社群媒體貼文是精心規畫的品牌故事，不是真實人生本身。

若不是這樣，就是行銷專家聰明地提醒我們，為什麼我們的人生是苦的，讓我們覺得困苦的日子是一件錯事。彷彿我們過錯了人生。

這些我們都知道。然而，即使如此，我們還是累積借貸，把我們的家、行程和大腦填滿，追求我們被填塞的完美版本，而不是花時間想清楚，什麼才是對我們真正重要的。這就像是想要從拉麵店櫥窗裡的塑膠碗拉麵獲得立即的營養，而不是鼓起勇氣走進店裡，在長桌旁找一張椅子坐下來，用我們最好的日語腔調點一碗拉麵，展現一點耐心，好讓主廚發揮他們神奇的廚藝，好讓我們享用真正的食物。

如一位僧人[1]在喝綠茶時，臉上帶著親切笑容告訴我的：

活著是苦。生病是苦。變老是苦。死亡是苦。

我們沒辦法避免當中任何一項。當我們想要抗拒它，我們只是加重其中的苦，延緩我們反應的能力。相反地，如果你可以擁抱正在發生的事，那麼你就可以跟著生命流動。人們以為禪宗全是關於平和與寧靜，活在一種氣氛很好的幸福狀態。但事實上，它是關於面對你的挑戰：不幸、孤獨、憂鬱、難以排遣的情緒。它是關於學習處理人生加諸的問題，而接受現實是它的核心。

接受不是放棄或束手。它是臣服於正在發生的真實，然後採取積極的角色，決定接下來要做什麼。例如，若你生病了，你得明白你病了，接受你不是能量全載，允許你自己慢下來，以便得到治療，並在你需要的時候尋求協助，而不是繼續衝刺。

心悅臣服於人生中任何領域的苦難真實，讓你帶著清醒、同理與從容，積極地決定你的下一步。這則教訓已有好幾百年的歷史。然而，我們仍然抗拒它。

有很多方式是我們無意間利用「完美」——以及「完美主義」——阻擋我們擁抱人生：

・作為一種防衛機制
・作為一種拖延戰術

· 作為一項藉口

· 作為控制的一種形式

· 作為一種武器

· 作為一種評斷度量

· 作為一種埋藏傷口的面罩

· 作為對批評的一種極端反應

· 作為掩蓋真相的大衣

你能辨識出其中幾種？你是否明白完美的概念可能如此有害？

我們所謂的不完美是什麼意思？

佗寂教我們的「不完美」，是根據自然的法則。如果每件事都是不停變動的，就沒有一樣東西可以絕對地完整。因此，沒有東西可以是完美的，因為完美是完整的狀態。

我們經常使用「不完美」這個形容詞來描述未達到我們以為理想的完美狀態，不論是在指一個東西或我們自己，在外表上、銀行存款、成就，或是人生的其他部分。任何同義詞詞典都能提供你一大串「完美的」的相反詞，包括瑕疵的、腐敗的、低劣的、次等的、拙劣的、粗劣的、壞掉的和不好的。難怪我們將完美的相反

視為是負面的。

為了要消除對於不完美的負面意義，我們必須拒絕使用這個想像理想狀態的相反詞，相反地，接受不完美本身為一種理想：不完美不是一種妥協。

不完美不是通往完美之路中間的某一點，因為沒有油，所以得停下來。不完美是我們成長與生活的途中，某個特定時間點的快照。我們總是忙著把車子開上山，忘記回頭看看此刻環繞在我們身邊的美景。

不完美不是妥協。

我們需要信任、接受與願意說，我不知道全部，但我不需要知道全部。我知道夠多了。我不擁有全部，但我不需要擁有全部。我擁有夠多了。我不是對所有人全能，但我不需要對所有人全能。我對我真正在乎的人，盡我所能。我做的夠了。

這樣的意思不是沒有目標、沒有企圖心或放棄，也不是指為某件事奮鬥是一件壞事。而是關於真的想清楚，為什麼我們想要我們真的想要的東西，跳脫對東西累積的物質欲望，以及來自他人期望的壓力。放下催促與掙扎，放下你不需要去的、爬上某個地方的艱難戰役。你可以用你一直追求完美的所有精力，投入此刻好好地生活。一旦你開始用這種方式體驗這個世界，它看起來、感覺起來就會像一個完全不同的地方。

顯露你的不完美

接受不完美是一回事。讓其他人看見是另一回事。然而，那往往是我們發現共同點的地方。暴露我們的軟弱、挑戰、尚未實現的夢想與古怪的癖好，為我們的心打開了一扇窗。人們可以看見我們真正的樣子，他們因此被吸引，與我們連結。

你是否曾經注意到，當你發現自己在真正的美面前，你的心是如何反應的？可能是你聽見某人訴說一段溫柔的真理，分享他們的本性；或者從風中傳來一首情詩的細語；或者是你手上握著一隻小手，或者某一刻的深度連結。

> 你的心對美的反應，是侘寂的精髓。

當我們了悟時，我們的直覺反應比邏輯分析反應來得更快，所以在我們有時間評斷、批判、比較或分心之前，我們心裡已有感覺。我們可以教自己用相同的方式體驗其他的事。用我們的心與某個人相會，而不是用我們的腦，讓我們的本能與直覺指引我們，超越大腦根據眼睛看到的表面所形成的判斷。當我們向其他人顯露我們的不完美，我們就是邀請他們，用相同的方式看我們。

我有一次在臺上哭了。只有一次，但真的發生過。

我極度尷尬。但是聽眾的反應實在不可思議。人們沒有料想到會這樣。他們可以明顯感覺到這是真實無偽的感情，雖然我不建議它作為公開演講的技巧。你的聲調會產生各種奇怪的變化。但這讓他們看見我的不完美，知道我是真的。因為無處躲藏，我只能放下，繼續演講。但這個室內空間裡的能量改變了，因為人們向我打開他們的心房，就如同我先前向他們打開我的。後來，簽名的隊伍排得很長，排隊的人群中，許多人也哭了，想要與我分享他們的故事。

勵志大師們傾向這一套說辭：「我的人生過去是一團糟。有一天我突然清醒過來。現在我的人生充滿驚奇而完美。你們雖然也有一團糟的人生，只要讀我的書／上我的課／參加我的工作坊，就可以像我一樣，擁有一個充滿驚奇與完美的人生。」但我不相信。我們都是在過程中的作品。我們當中恰好有些人有機會反省，而且也許有一個平臺讓他們分享我們即將發現的事，然而，事實上，我們都在互相學習。沒有人是主導的。沒有人有全部的答案。而任何假裝他們有全部答案的人，若不是在銷售一種他們自己的故事的虛假版本，就是在敲響一記警鐘。

當我們根本不知道所有的片段長什麼樣子的時候，不可能有全部的答案。而我們愈早明白這一點，愈早能開始讚美我們自己與彼此，讚美我們擁有的不完美的寶

藏。我們只是有時候需要相信它，當大腦找不到答案，心會知道方向。

澡堂的啟示

我無法想像在英格蘭的公共浴池泡澡，但對許多日本人來說，去「錢湯」（音「Sento」，意為「澡堂」）仍然是常見的夜間消遣。

一個在高山市的下雪夜晚，我鼓起勇氣從我的租處走到街角的「烏托邦稻荷湯」（ゆうとぴあ稻荷湯），付了日幣420元（約新臺幣120元），在一個公共大浴池裡享受一到兩小時的泡湯。在把我全部的衣服都放進更衣室的置物櫃後，只穿一雙塑膠拖鞋，全身光溜溜地走向熱呼呼的浴池。

澡堂裡面熱氣蒸騰，兩側有沖澡站。你得蹲下來坐在一個矮凳子上，並且用一個塑膠水桶沖澡、洗身體。有人覺得在那裡放幾面鏡子是個好主意。幾年前我身上還有15磅（約7公斤）嬰兒的重量待卸貨，我不覺得這是好主意。

當我洗頭髮的時候，忍不住看見澡堂裡幾位年長的婦女。她們沒有人看著我。不論她們的體形、年紀，或者任何可能會讓我們其他人自覺的因素如何，她們各個挺直背脊，有一種安靜的自信。有一位年長女士將她

疼痛的四肢奢侈地泡在按摩浴缸裡。有兩個朋友在聊八卦。還有一位母親帶著她的小孩來。我很好奇從小被帶到這樣的公共浴池長大的小女孩，日後對身體的自信會有什麼不同？

多年來，西方的女孩一直被推銷所有人看起來都一樣的「完美」形象。幸好這種情況開始有些改變，但我們還有很長的路要走。我們受到我們成長經驗中眼睛所見、耳朵所聽的影響很深，而且我們會透過父母與其他成年人說的話、他們如何與其他人互動，以及他們如何做決定，注意到他們所重視的價值。

突然間，我發覺身上一絲不掛時有多麼輕鬆，這對一個矜持的英國女人來說，是很不尋常的體驗。當我身邊的人不再注意我的「缺點」，我也不會注意。這個在錢湯的夜晚教了我一件重要的事：我對自己不完美的欣賞，對我自己和對我的兩個女兒，都是一個禮物。

慎選你的角色典範

我們把自己正在做的事做得愈好，愈會遇到做得更好、更「走在前面」、更「有成就」的人。但是，一旦我們將視線從我們的路徑上移開，也找不到那些成功者的路徑，我們便迷失了我們自己旅程的經驗。這就像是搭火車穿越你一直想去拜訪的某個國家，結果一路上的

你都在看筆電上的影片。你錯過了重點，也錯過了這趟冒險。

在某個領域、某個時間點，總是會有人懂得比較多、做得比較多，比我們更有經驗或知識。我們可以選擇將之視為我們自身不足的反省，或者從他們那裡得到啟發的機會。

當我們崇拜與追隨的人，是觸發我們不足感的人，通常是因為我們在他們身上投射了一種不切實際的理想。這種情況發生時，我們若不是得改變我們的願景，就是換一個追隨的對象。

我們必須不斷讓我們的注意力回到我們已經擁有的生活，把自己拴鏈在這裡現有的、真實的東西：愛、歡笑、良善的話語、安靜的美，這些組成我們生命質地的微小細節。

在不完美中見到美

當一位陶藝師傅製作一系列的手作陶罐時，他們的目標不是從對稱與統一角度來看的完美，否則，他們可以直接改以機器製作。相反地，他們的目標是自然美，是手的印記以及心的注入。

我們不應該是完美無瑕與統一制式的，彷彿我們是從一個人類工廠製造出來的。如果你想像自己是一個美

麗的手作陶罐，因為造形可愛 —— 但不只因為這個原因 —— 而受到喜愛，你會怎樣呢？如果你承認質感、個性與深度是造就你內在與外在自然美的因素，你會怎樣呢？若你承認所有一路形塑你的，是如何造就今日的你，你會怎樣呢？

多年來，我們在我們的自然美上塗了好幾層，只為了對完美的無止境追求 —— 用抗老霜、累積的財富、頭銜與投射的形象，這些我們以為也許會讓別人更喜歡我們的東西。但所有這些都是沉重的，而且它掩蓋了裡面的東西。只有當你剝開層層的掩護，你才能讓你的內在美發出光芒。

> 我們的不完美造就我們的獨特，
> 我們的獨特造就我們每一個人的美。

如果我們承認我們理想的狀態其實就是完美的不完美，而我們已經達到這個狀態了，那會怎麼樣呢？那就不會再有天人交戰或累人的推銷了。相反地，我們可以從容地知道我們其實很好，如我們的原來面貌。

進一步說，我們也許可以看見，那些不完美其實可以成為通往新的學習機會、經驗、對話與連結的通道。突然間，完美似乎不那麼吸引人，畢竟，我們會明白，我們能做到比之前想像的更多。

讓我們回想第三章那位僧侶所說的話：「侘寂是

關於事物在它們自然、最真實的狀態。」你的「自然、最真實的狀態」是什麼樣子？那是你行走人間時的樣子嗎？是你帶去上班時的版本嗎？或者是你向你的親朋好友展現的版本？如果不是，你需要擺脫什麼，才能回到那樣的狀態？

放下完美

舊金山禪宗臨終關懷計畫的創始主席法蘭克‧歐斯塔斯基（Frank Ostaseski）曾說：「完整並不意謂完美。完整意謂沒有留白空間。」[2]

我寫這一段時，正在我的廚房工作檯邊，手上拿著一杯紅酒，水槽裡晚餐的盤子堆得像山一樣高，等著有人理它們。我腦子裡的一個聲音不斷提醒我，我的房間地板上還躺著一個大旅行袋，從我上星期天旅行回家後，就一直留在原地。我腳邊是孩子們亂丟的玩具——一個打開的珠寶盒，旁邊躺著一個那天跳過趾尖旋轉舞的想睡的芭蕾舞者；一只小茶壺，準備要在泰迪熊的野餐會上服務一下，還有不知多久前的派對拿回來的一個慢慢消氣中的氣球……

一開始，我發現養兒育女不只是挑戰，而且令人困惑。覺得很幸福，但同時也令人沮喪。如此深深感謝她們的出現，但又因她們的需求而人仰馬翻。如此完全地

享受愛，但也不受控制。後來我明白，成長的不只是孩子，父母也在成長。我們需要空間，讓我們成長為我們即將變成的父母。成長是令人不安的。這是它可怕、困難與混亂的原因，但看看它引領我們到什麼地方？

現在，我環顧客廳地板上的一團雜亂──衣服穿一半的洋娃娃、散亂的得寶（Duplo）積木、一疊書，還有丟得到處都是的蠟筆──而我看見了其他的東西。我看見她們無休止的好奇心、無邊界的精力，以及學習她們周遭世界的旺盛熱情。我看見歡樂。非成人指導的兒童遊戲。在她們的笑聲裡有解藥，空氣裡充滿驚奇。

我已經竭盡所能地讓我們家保持心靈的簡單、寧靜的美。但我不會欺騙自己應該當某種完美的持家者，或者讓我的家永遠一塵不染。

我想到我有多想要我的女兒們記得她們的童年。讓她們說出「我們家永遠一塵不染」是最重要的嗎？不，如果你的家裡一塵不染，我不是在批評你。我是偷偷地嫉妒。但我要說的是，我們得做一個決定，而現在是我做的決定。我想要她們說：「我們家是一個可愛快樂的家，在家裡我們覺得安全與舒適。父母總是愛我們、照顧我們，我們也被教導如何彼此相愛、彼此照顧。我們學習珍惜我們所擁有的，不只如此，我們還珍惜我們在一起的時光。」

「別擔心，這不會持續很久。」有人說。但這也是

令人傷心的部分，以及在這一切當中尋找禮物的原因。因為它不會持久。我的女孩們很快就會對不同的東西、不同的人感興趣。她們不會想再挨近我、整天和我一起玩或聊天。所以，打鐵趁熱，日後我會很感恩這一切。即使有幾顆消氣中的氣球在我腳邊滾來滾去。

接受困難的事

自然界中的萬事萬物不停變動，你的人生也是。接受並不意味這就是結局了。而是承認這裡是事情的開端。我們都是製作中的作品。活著就是演進著。你可以在演進的過程中扮演主動的角色，但是首先，你必須承認這正在發生。侘寂幫助你用一種溫柔與陶養的方式來進行這件事。

侘寂教導我們不同的觀點 —— 看事情究竟是大還是小，它們是否真的重要，以及是否要繼續關照它們，還是應該放下。當某件不幸的事發生了，接受可能是最好的夥伴。這不是要你棄械投降，或是容許不適當的行為。這不是被動，是主動。

接受意味著：

1.這是正在發生的事（關注它，不是抗拒它）。
2.它真正的影響就這麼大（如果有影響）。

3. 這是所有即將來到的開端，而且這是我下一
   步要做的。

　　意即，這是我現在的處境。這是我們現在的處境。
花瓶摔碎了。婚姻破裂了。企業正掙扎求生。我很孤
獨。我的孩子很沮喪。我剛再次被拒絕了。不論發生了
什麼事，這是此刻的情況。我們不能忽視正在發生的
事，但我們不需要誇大它。我們需要活著而且正視它，
然後放下對它的牽掛。實際的情況是，我們無法緊抓不
放，而且我們無法只是延續過去；當我們學會臣服於困
難，接受困難會來來去去，那麼，生命將從一場戰役，
變成一支舞蹈。

接受未來

　　不久前，我在蟹江美根代的家裡待了一些時間，她
是一位高齡九十四歲的優雅女士，我們在第八章會再遇
到她。當被問到她快樂人生的祕密，她說，她相信所有
不快樂的根源，是對自己所擁有的不滿意，花太多時間
尋求你人生之外的東西，而不是花時間在你自己的人生
裡。這意思不是說我們不能擁有夢想，而是快樂從感恩
開始，蟹江女士顯然也看過龍安寺的手水缽。
　　希望和期望不一樣。你可以計畫或期待某個未來，

但是你無法決定或控制它。預視你想要什麼，但接下來要把它放下。把你自己從對時間軸的依附裡釋放開來，然後回來參與你此刻的人生。

這一星期，我要你挑戰的是：想清楚你對什麼覺得感恩，然後放下任何還沒有發生的期望。打開你的心房與大腦，迎接任何可能到來的事。試著持續七天不必控制每件事，當事情不如你預期它們會怎樣或應該怎樣時，不要焦慮。當你進行這項挑戰時，每當你覺得必須負起責任時，試著放鬆不管，只要看看接下來會怎麼樣。只要仔細看看事情因為不如你預期它們會怎樣或應該怎樣時，所會發生的好處。

然後，慢慢來。你會發現真的沒有什麼十萬火急的事。當我們繼續追求完美，我們的人生就會加速。我們會做匆忙的決定，倉促做出評斷。侘寂提供一個暫停、反省與自我檢核的機會，然後從那裡再出發。你可能會覺得鬆一口氣，然後做出比較好的決定。

> 保持開放的心。
> 空出小小的奇蹟空間。

*   *   *

§侘寂啟發的智慧──接受與自我欣賞§

- 變化是不可避免的,所以想要抓住過去或現在,是沒有意義的。打開心胸。你的人生從此時此地開始。
- 當你的大腦找不到答案,記住你的心可能知道方向。
- 完美是一種迷思。你是完美的不完美,如你原本的樣貌。

*

§試試看:練習接受§

接受是一種決定(我不會被鋪天蓋地、讓我分心的胡思亂想困住),是一種承認(這是剛發生的事,或者正在發生的事),以及一個新的開始(藉由明白自己的處境,我可以從這裡往前進,把這裡當作我的新起點)。

不論此刻你發生什麼事,考慮試著在此刻接受它,然後看看它對你的觀點造成什麼影響。利用下面的活動幫助你完成這件事:

1. 決定：我不會被鋪天蓋地、讓我分心的胡思亂想困住。此時此刻，我是：

_____

_____

_____

（描述你正在何地，你可以用你的身體看見／聽見／嘗到／聞到／感覺到什麼，例如你的兩腳踩在地板上，或是你坐在椅子上的感覺。）

2. 承認：這是剛發生的事，或者正在發生的事。此刻的情況是：

_____

_____

_____

_____

3. 新的開始：這是一個新的開始。（不必然是一種戲劇化的新開始，雖然也可能是。）隨著這個新起點，我可以／我會：

_____

_____

_____

_____

　　接受並不總是容易的。發生的事讓人覺得不公平、突如其來、時機不對、痛如刀割。這不是麻痺你的情緒的方式，而是釐清問題，讓你感覺你需要感覺的。在這樣的時刻，自我照顧是最重要的。向自己做個承諾。

　　經歷這個事件時，我將照顧自己的方法：

　　心：（例如與一位朋友分享煩惱、拒絕這星期外加的工作承諾等。）

_____

_____

_____

_____

　　身：（例如到大自然裡散步、用新鮮及健康的食物進補身體等。）

_____

_____

_____

_____

靈：（例如一大清早先靜坐冥想、寫下感謝清
單等。）

_____

_____

_____

_____

第五章

七倒八起：

重新定位失敗

日本有一句很有名的諺語，「七転び八起き」，意思是「七倒八起」。這是我學日文時非常熟悉的一句話。它代表了一種不放棄的概念，但不只如此，它不是從跌倒開始算（否則就會變成「七倒七起」）。它是從你第一次站起來時開始算，提醒我們必須先站好，才有機會跌倒，然後有機會再站起來。

身為學位課程裡唯一不會多種語言的人，我的求學過程一開始並不順利。在大學的第一個星期，當我的新朋友在實驗室和演講廳學習艱深的東西，我還在練習怎麼依一天的不同時間點，用三種不同的方式說「哈囉」。有時候還會說錯。

在杜倫大學（Durham University）東亞研究系當學生時，我喜歡這裡的傳統和體驗——在一幢維多利亞房子屋簷下的教室裡，有親切的老師上小組導師輔導課，一排排書背上寫著漢字的日文書，我夢想著某一天能讀懂，隔壁是東方博物館，裡面盡是織物、版畫和其他異國風味的手工藝品。我們的課程包括學習拜訪日本人家的禮節、看宮崎駿動畫，整個星期四下午練習把毛筆沾進黑亮的墨汁，在宣紙上寫漢字，背景則播放古典音樂。日語是一首歌，我喜愛它的聲音。只是我不太會唱。

從第一次單字測驗開始，我的學習日語之路就布滿失敗的小石頭。我第一年的考試成績奇差無比，一位資

源教師把我叫進他的研究室，臉上表情凝重地宣布，他們系上不確定是否應該讓我下學期去京都求學。什麼？他們不懂嗎？去日本生活就是我學日文的重點。我來這裡就是為了那一趟冒險。我拜託、懇求他們，向他們保證一旦我沉浸在日語和日本文化裡，就不會有問題的。結果奏效了，幾個星期後，我已經在一架飛往東方的飛機上，我把自我懷疑塞進我的手提箱，裡面還有我的漢字字典，以及一年的衣物。

走過關西機場，我看到我讀不出來的標示，聽見我聽不懂的對話和廣播，突然覺悟這裡的人真的說著我那些教科書裡的語言，這令我完全不知所措。同樣這個語言，我應該花好幾個小時研讀，而不是在大學的廣播電臺讀新聞公告，或是為學生報蒐集校園八卦。然後，我見到了我的住宿家庭媽媽，她只說京都方言，而寄宿家庭的其他人，沒有一位說英語，我突然清楚明白，如果我要在接下來的日子裡好好活下來，我得好好認真了。

若把我的語言學習之旅畫在一張圖表上，是從左下角的零開始，一條緊張的線條顯示一個崎嶇的開始，接著是我在京都的一年，呈現普遍的上揚。這條曲線在我有高度動機時往上，在心情低落時下探一些。中途雖然保持高原狀態，接近考試時又再次上揚，當我完成學業返回英格蘭時，又上揚一次。畢業時，我已經達到相當自信的程度，只是一進入日本職場，看到縱軸比我想像

的高出許多，還是震撼了一下。我以為的程度還不錯的好學生，結果並非那麼傑出，畢竟，我得要在大講臺上為政府官員、外交使節和頂尖運動員做現場翻譯。我把會議錄下來，聽到我懂了，費力地翻譯報紙文章，並盡我所能參與文化課程和結交朋友。這一段時間簡直是驕傲與絕望的雲霄飛車，在我已達到的成果和還得努力多少之間擺盪。

最後，我明白我只能用我當下擁有的工具，做我力所能及之事。我可以做最好的準備，然後只需要現身——理想上有足夠的休息，夠警醒——盡全力做最好的表現。每次我這麼做時，都會進步一點，多學到一些，也長出更多自信。當然，有幾次信心完全掃地，但是我打起精神，繼續往前邁進。

隨著每一年我在東京的工作年資累積，這條語言學習的曲線也一年年上升。我為了碩士學位，整個沉浸在同步口譯技巧的那一年，也許達到了頂點。那時，我進入聯合國增加工作經驗，和幾位從小在雙語環境長大、已經具有在這裡工作三十年經驗，而且可以一邊編織、一邊不費吹灰之力轉換語言頻道的女士，一起待在同一間口譯室。去那裡工作可能是一個錯誤。我大大地退縮起來，感覺我的自信一點一點地流失。我的語言曲線突然像日經指數遭遇股市崩盤一樣。

但我們的做法是這樣。我們對某件事愈擅長，我們

就愈能擴展我們的領域視野。我們從水窪到池塘，從池塘到大海。理想一直在變動，只要我們把它當成動機，去做更多有品質、全心全意的工作，這樣就行了。但是，當它變成一種比較的活動，就變成了一個危險的地方。我的意思不是說你應該安於水窪。我是說，你在池塘可能也很快樂，如果你在那裡表現最好，這樣是沒有問題的。你也許覺得你的天命在大海，這樣也很好。只要確定你是帶著正當的理由前往。

這和侘寂有什麼關聯？這是來自於領悟到沒有任何事情是恆常、完美或完整，因而獲得的一種解脫。當我把事情搞砸了，這是一時的，不是無期徒刑。當我犯了一個錯，我可以糾正它，或者下次做得更好。不論我在學習之旅的什麼地方，我仍然在路上，而不是到了旅途的終點，這讓我鬆一口氣，知道我並不被期待要知道所有的事，也讓我對還有什麼要學，充滿好奇。

> 沒有「結束」、「完成」，或是「完美」。
> 學習就是學習。

在這張圖表裡，總是有可能往下、持平，或者上升。這只取決於你，你的態度、能量與注意力。這不只是學一項技能。學習財務、學習愛，或學習當父母，都是一樣的。甚至是探索自己。沒有結束、完成，或是完美。學習就是學習。

日本人對失敗的態度

在我研究的過程中，我得努力克服的一大問題，是如何調和侘寂啟發的不完美概念，與大量文獻記載的日本對公然失敗的厭惡，如何使兩者概念一致。如果一個企業失敗了，總裁通常會引咎自責。1990年亞洲金融風暴時，這個國家幾位頂尖人物一個個像骨牌一樣倒了。而不只是那些在眾目睽睽下的大人物──每年，大部分的學生為了準備高中和大學考試，花費數百個小時到補習班補習，避免錯失理想學校的一個名額。日本人和任何其他人一樣不喜歡失敗，當事情不順遂時，仍然會因為「丟臉」而在社會上背負惡名。

我後來理解的是，重新定位失敗，並不意味著學會愛它，或者歡迎它。它意味盡你所能地不要失敗（因為你在乎你正在做的事），但是失敗是不可免的，那麼，它便意味學習用一種能幫助你前進的方式來面對它。

在《打亂日本》（*Disrupting Japan*）的播客（podcast）裡，Sharebu Kids這家倒閉的公司的創辦人長島浩描述得很逼真。[1] 在引言中，主持人提姆‧羅密洛（Tim Romero）──一位日本新創公司的老將──說：「失敗讓人很受傷。失敗很孤獨。有些你認為是親密朋友的人不再回你電話。失敗時，你可以同時看見你自己與你身

邊的人最糟、有時也最好的一面。」

當提姆的來賓長島先生的公司營運情況變差，他的投資人、朋友和家人圈相當接納與支持，超乎他的預期。最困難的部分是他在開始時如何敦促自己。然而，最後，長島先生看清了如果重來一次，他會做什麼改變，然後想辦法利用他的經驗，在另一家公司找到好工作。他說，失敗時雖然當下很難受，但是讓他更堅強，建立起他的決心，改變了他的觀點，而且使他較不擔心不真正重要的事。

為了要重新定位失敗，我們得先重新定位成功。當我們把自己設定在單一目標，而且將我們的個人價值與是否達到此目標掛鉤──即使許多因素都在我們的掌控之外──失敗會很痛苦。這個單一目標被我們完美的理念局限住了。「只要我們達成X，成為Y，變成Z……我會很開心。」

然而，如果我們將我們對成功的觀點，改成我們想覺得怎樣，我們想如何體驗人生，那麼，每件事都會因此而不同。我們會在第七章進一步討論這個議題，但是現在，我們來看看，當我們用佗寂的世界觀來面對失敗，我們能學到什麼：

一、我們不必因為要從中學習而喜愛失敗。失敗能建立我們的毅力，幫助我們以其他的

方式成長。而當我們停止努力做到完美，
也許我們甚至不會再將「失敗」視為「失
敗」。

二、失敗的感覺不會永遠都在。沒有任何東西
是永存的。每天都是一個重新開始的機
會。

三、萬事萬物無不在變動中。也許這是該暫
停、轉動方向、追求其他目標的時刻。

追求的痛苦

競爭不是一件壞
事。競爭能鼓勵我們挑
戰自己，鍛鍊我們的技
能。當我們想要在太多
不在我們掌控中的世界
裡追求完美，這個問題
就會出現。我們失敗的

> 當我們在更大的舞臺上
> 挑戰我們的運氣卻鎩羽
> 而歸，這不是一次失敗，
> 而是向外擴展的時刻。

風險，是我們將自己推上的舞臺大小的結果。如果舞臺
夠小，任何人都有贏的機會。成長的機會就在擴張的過
程，而這意味我們難免有時候會輸。但是，如果我們從
最初的起點來看它──我們擴大了我們的舒適圈，打開
了我們的心，迎接更大的冒險──那麼，這就是一項禮

物。

身為一位口譯員，我曾和許許多多世界一流的運動員同臺，他們之中有些在世界大賽中遭遇滑鐵盧，有些贏得了奧運獎牌。我很清楚在勝利與失敗之間的情緒深淵。我經歷過錯失獎牌那一刻極度失望的深谷，尤其因為一路走來的犧牲不知何其多。但毫無例外地，能夠繼續努力、達到更偉大的成績的人，都明白這一點：重要的是接下來發生的事。

拍電影、烤蛋糕、拚學業成績，都一樣──確實，任何我們追求某個特定夢想的競技場。我們在任何時刻都能選擇要如何看待失敗、怎麼面對它，如何繼續向前進。

展現企圖心。展現天分。讓人刮目相看。追求鼓舞人心的夢想，享受沿途的每一步。但不要追求那捉摸不定、受自我驅使的完美。相反地，要豁達地認清楚，完美是無法到達的目標。重要的是向外擴展。

練習向外擴展

我在日本的人際關係幫助我在那幾年間接觸到一些不尋常的工作，也許其中最不尋常的，是為一位長泳選手擔任口譯員，他當時正計畫在十五個小時內游過英吉利海峽。五十嵐憲是一位來自鶴岡這座濱海城市的農

夫，他在國中時就是一位認真的游泳選手，後來因為工作與家庭生活忙碌，便把游泳置之腦後。在他二十多歲時，他開始練習舉重，三十五歲左右回來長泳時，舉重的訓練剛好派上用場。

當我在十年後遇見他，他已經是第一位橫渡輕津海峽的日本泳者，這個海峽位於本州與北海道之間，連結了日本海與太平洋。那時，他和他的教練飛到了英國的多佛（Dover），我們三個人住在一間舒適的民宿，外面還聽得見海鷗的叫聲。從英國穿越海峽到法國的規定很嚴格，不只因為要游過主要的航線。為了這次泳渡，我們安排了一個泳渡的時機，有一個獨立裁定人會陪著我和教練在一艘領航船上，跟在憲的旁邊。我們可以把飲水和食物用一條細繩丟給他，如果繩子太緊，這次挑戰就結束。如果他在任何時候碰到船，這次挑戰就結束。不論他是否抽筋、被水母螫到，或者在途中發生任何事，我們都不被允許提供任何形式的實質協助給這位在我們船邊，穿著Speedo泳裝、全身塗了凡士林的男人。

在指定出發的那一天，我凌晨三點起床，吃了一個起司三明治，去大廳與憲和教練會合。令我沮喪的是，憲有點昏沉站不穩。原來他前一晚為了減少時差的不適而吞下肚的威士忌和安眠藥混合後，產生了不良效果；在任何平常的日子，我們會勸他回去睡覺。我不想要他在那種狀態下，在天還沒亮時跳進海裡，但他堅持他只

有一次機會做這項嘗試。最後交由他的教練決定，經過仔細評估，他放行了。

情況一開始並不順利。一踏離多佛海灘，進到海水裡，這項挑戰就開始了，時鐘開始計時；不料才出發幾百英尺，憲就開始回頭往英國游了。裁判人理所當然地關心他是否迷失方向。教練喊出一些指示，鼓勵他再朝往法國方向，我們正式出發了。

低溫的震撼和發現弄錯方向，似乎讓他完全清醒了，之後的數小時，他實實在在地展現了他的堅持與毅力。然而，一開始的錯誤讓他最後付出很大的代價。在靠近法國的加萊（Calais）有一個點比其他海岸地區突出一些。如果你快一點到達那裡，可以大大減少總時間。不幸的是，憲剛好錯過了，加上潮流作用，他最後多游了兩小時。

他一爬上船，全身還在發抖，精疲力盡，但他游到了法國，開心極了，這時他接到了日本國家電視臺NHK打來衛星電話專訪。當問到他的挑戰結果，憲回答說：「我盡全力了。」十六小時四十二分游完。然而，他仍然橫渡了海峽——一個里程碑的嘗試——所以他把焦點放在他達到的目標，而且他對自己盡了全力，逼迫自己完成他的第一次國際跨海行動，感到非常驕傲。無疑地，他也為他未來的挑戰汲取了一些重要教訓。

這種態度能帶他走很長的路。五十嵐憲，他的姓

氏「五十嵐」的意思是「五十場風暴」，他後來成為第一位從日本游到韓國、從日本游到俄羅斯的日本人，最後，他游過了貝加爾湖。

培養毅力的十種方法

1. 利用運動、營養和休息，增進你的生理活力。
2. 利用安靜的時間、足夠的睡眠和在大自然裡的時光，增進你的心理活力。
3. 練習處理小事，如此你會把大事處理得更好。
4. 為自己設定一系列的小目標，朝向它們努力。
5. 種點東西。留意你的關注能造就什麼不同。
6. 定期寫下你做得很好的事，提醒自己多有能耐。
7. 尋找社群，建立一個支持網絡。
8. 尋找堅毅的典範，向他們學習。
9. 讓自己被激勵人心的名言佳句包圍。
10. 尋找讓自己每天都很正向的理由。

但這很難⋯⋯

我知道這很困難。導致悔恨與自責的那種失敗很沉重。你沒有爭取到的工作。唉！你和某人交往多年，結果遇人不淑。唉！十五家出版社退了你的新書提案。

唉！你同意不用合約進行的計畫，結果令人失望。唉！你答應了，其實你打心裡知道應該不要答應。又是一聲唉！

沒有人說失敗是容易的。但好消息是，你能夠選擇你要怎麼做。如果你要將失敗放在悔恨和自責的位置，它只會變成某種更黑暗、更沉重的東西。因為每件事都會改變，對嗎？所以，試著努力讓它轉化成一則教訓或啟示。不論它似乎多困難，你在任何時刻都有能力做下這樣的決定。把焦點放在如果你退一步找出當中的教訓，會有什麼不同？

抗拒失敗的可能

在我幫助人們在職場中、在生活方式中、在人生階段中轉換時，我不斷遇到人們對於成為一個新手的抗拒，因為人們過於恐懼失敗。如果你開始某件新的事物，你非常可能會一路做錯事。

這無疑是精神上難以接受的事，對自我也是。我們很容易看出為什麼這麼多人花好幾年的光陰在一條讓他們如今命運悲慘的道路上，以避免某個錯誤使他們未來命運悲慘的可能性。這特別是指那些想要轉換到更有創造性行業的人，或者是從某種創意專業獲取薪資的人。風險太高了，失敗的恐懼太大了，昔日美術老師和其他

批評者的聲音，在他們的耳邊陰魂不散。但有件事他們還不明白：向前的路失敗了，也是一種進步。你每次這麼做，都會增強了內在智慧的儲藏，為了規畫下一次，你需要它。「失敗」並不一定是故事的完結。它可能是另一章的開始，但只有在你能接受不完美、展現對自己的同理，並且選擇向前的時候。

> 我們必須停止告訴自己每個人都在看，等著看我們失敗。他們真的沒有。

沒有人在看……

我在京都一座寺院裡，盤腿坐在一個小坐墊上，但完全做錯了。我應該要靜坐沉思的，但只想到兩腳如坐針氈，還有想著讓姿勢舒服一點時發出的刷刷聲，我腦子裡的聲音告訴我，每個人一定都嫌惡地看著我，覺得我一直干擾大家。我忍不住偷看了一下四周。當然，沒有人看我。沒有人在意我在做什麼，或者我是否做得「合宜」。他們太忙於自己的事了。

這裡只有我，在甚至還沒真的想清楚在靜坐中的「成功」是指什麼，就評斷我自己，告訴自己我沒有做好。直到我放開評斷的念頭，終於放鬆地融入這一刻、這個空間、輕柔的鐘聲、腳踝碰觸地板的不適、榻榻米的清香、園丁在外面花園刷刷掃地的聲音，回想起今天

我是來冒險，是我選擇來此地。

從失敗中學習的六種無壓力步驟

利用下面六個步驟處理任何你執著以為是「失敗」的事件或情境：

1. 真相：說清楚事情發生的經過。
2. 謙遜：認清你一直責怪的人，你扮演的角色是什麼。
3. 簡單：從當下情境中挖掘單一最大的教訓。
4. 不恆常：釐清你失去了什麼、得到了什麼，你的內心產生什麼改變？
5. 不完美：承認你必須原諒或擁抱，以便繼續前進的那一種不完美——在你自己身上，或是在別人身上——並且提醒自己，不完美讓你展現人性。
6. 不完整：明白這不是故事的結束。決定你接下來要做什麼。

克服對創作失敗的恐懼

當我們最開放、最真誠時，我們能將我們的創意工作做得最好。這時，我們的創意作品與其他人深度連結、表達出我們也許從來不會在對話中說出來的話。然

而，分享內心底層的事可能會讓自己覺得脆弱、暴露太多、害怕：如果作品受到批評、揶揄或拒絕該怎麼辦？這感覺起來像是我們自身受到批評、揶揄或拒絕。所以，在我支持人們建立創意職涯的工作過程中，這種情況屢屢發生，也就不足為奇。

對失敗的恐懼，是阻擋人們從事他們喜歡做的工作最大的障礙之一。而這裡就存在著侘寂最重要的啟示之一。侘寂是一種對美的直覺反應，反映生命的真正本質。它可以是其他某個人對你的創意之美的反應，而這個創意是來自你內心。這意味著為了讓你的創意真正被看到，它必須被分享。

所以，對我們所有因為恐懼失敗而隱藏創意表現的人來說，我們都搞錯了重點。真正的美不在於達到某種完美，而是在於分享這份創意本身。

當然，近來有許多「成功」的估量方法，端看你偏愛哪一種度量方法。你的藝術表演票賣完了嗎？你的書是否登上銷售書排行榜？你是不是有成百上千的 IG 追蹤者喜歡你最近的貼文？這些事在讓你能繼續生存這方面很重要，讓你能用更多時間從事你的創意工作，我們會在第七章進一步討論這件事。然而，這些事在你與你的作品的觀眾一同創造的美中，毫不重要。這裡唯一的失敗，是你一開始就逃避了創作。

放手一搏

要處理像創作如此個人的事可能面臨的失敗恐懼，是一件不容易的事，然而，你可以試著重新定位這種恐懼，把它視為你真正關心的事物的指標，然後無論如何都放手一搏。

那是一個宜人的春天早晨，我正沿著西陣紡織專區散步，這裡是京都紡織業的故鄉，歷史已超過一千五百年，距離我和如今已是我丈夫的 K 先生暫居六個月的公寓，只有一箭之遙。西陣是這座城市一個引人入勝的地區，你在這裡可以看見工作中的工匠，他們不是為觀光客而做，而是正是在做他們平日的工作，就如同他們之前好幾個世代才華洋溢的先人一樣。那裡有一幢建築特別吸引我的目光。那是一幢很大的木造倉庫，有一個寬敞宜人的入口，正面掛著傳統的暖簾，昭告世人這家店正在營業。我滿懷好奇，忍不住向裡面偷看了一下。

踏進厚重的拉門，我倒吸了一口氣。這是一間約300平方公尺的工作室，挑高有三層樓高。兩側是一些我見過最美的和服，中間則空出來，只有幾張矮桌、一些畫圖紙和一整筒的筆。

原來這幢建築是三浦恭示的工作室，他是一位為藝妓與高級時裝界製作和服的獲獎和服設計師。他也製作暖簾，就像吸引我進來的那一幅，我真的很想知道那是

怎麼做出來的。

我打聲招呼，進入偌大的空間，一位綁著銀色馬尾的親切先生從後面一個小房間慢慢走出來。我很不好意思打斷了他的工作，但是很好奇是否可能湊近一點去看他美麗的傑作？他對一個誤闖進來的陌生外國人覺得有趣，便點點頭，讓我靠近看。

我們一起喝了杯綠茶、我問了他一籮筐關於和服設計的問題之後，鼓起勇氣問他是否願意教我怎麼製作一幅暖簾。

「嗯，我不教人的，」他尷尬地說，「我只會設計。」

「啊，我明白了。」我說，然後停一會兒。

「但是啊，我想我可以考慮一下。不如妳明天帶一張妳想做的草圖，我來想一下。」

我衝回家，急切地用和紙和一根筷子做了一個假樣。我隔天回去時，他似乎相當驚訝；當我從背包裡掏出那張設計假樣時，他更驚訝了。

「嗯，很有意思。不錯喔。」他說，他的視線從假樣移到我身上，又移回到假樣。

就這樣，我的學徒生涯開始了。我在他的工作室待了很多天，把圖樣畫出來、遮蓋、染色、晾乾、攤開、洗滌。

在這個過程中，努力要在相對短的時間裡學會這麼

多東西，有很多次使我覺得不堪負荷。他是一位具超高標準的大師；我是一個什麼都不懂的新手。但是三浦老師不斷提醒我要專注於手上的工作。要繼續來他的工作室，試試看，然後看作品的進展。他教我注意細節、聽從指示，但也要我運用直覺。畢竟，這是我的設計。在這位大師的心中，沒有所謂的錯誤，一切都是有趣的創作實驗。

回到三浦老師的工作室，當我們最後把長長的手染麻布剪成三片，把它們縫起來掛在一根竹竿上，我的內心激動不已。這幅暖簾有些染色塊不平整、到處都有歪七扭八的線條，三塊布接起來的地方也接得不太好。但對我來說，我的第一幅暖簾完美得不完美，是某種值得珍藏的東西。

這幅暖簾現在掛在我的家中，上面有一輪銀色明月懸在靛藍的背景中，還襯著兩隻鳥的剪影。這對鳥代表著可能性、支持與自由。這不就是當我們想要克服創作失敗的恐懼時所需要的嗎？

建立創作信心的五種方法

利用這些最重要的訣竅來建立創作的信心，如此你可以繼續將你的作品呈現於世。當你這麼做的時候，沒有什麼好失敗的。

1. 忘記身上的標籤（藝術家、作家等），只要忙著創作。

2. 將注意力放在過程，而不是最後的成品。

3. 如果某件事行不通，試試別的（新的媒體、素材、老師、角度）。

4. 你只有一半的責任。展現你開放的心，看看宇宙的參與協助。

5. 不要一個人默默做。找一個與你有共同喜好的社群，互相支持。

從光之館學到的一課

旅行到日本內地花了我五小時、六段火車、一個午餐便當和一盒Pocky巧克力棒，終於到了雪鄉新潟縣深處的十日町市。一位親切的計程車司機在火車站接我；我把全部的注意力放在他身上，因為路兩邊除了10英尺高的雪牆，什麼也看不到。在細數當地歷史與附近溫泉建議之中，他還分享了當地社區如何實驗新品種的稻米。聽他描述日本最受歡迎的「越光米」和較新的「新之助米」這兩種來自周圍大片農田的稻米不同的味道，我聽得津津有味，不知不覺就到了我們的目的地。我們的車子在引人注目的「光之館」[2] 前停下來，眼前的景象令人屏息。

一座寬大的木梯浮在一片降雪雲上，通往一個氣派的入口，兩側是包覆式的柱式迴廊，挑高約有9英尺。這是由日本建築師石井大五和美國光影藝術家詹姆斯·圖瑞爾（James Turrelli）為「大地藝術祭：越後妻有藝術國際美術展覽會」所設計，作為一個供住宿與靜坐冥想的地點，「光之館」是將光不為人知的向度當成實驗的一項研究。

這座建築是以一種優雅的數寄屋[3]風格建造，有著緩斜的時尚山牆屋頂。[4]裡面，鋪上榻榻米的房間裡有紙障子，一種可以升起當作上下滑窗的紙屏，可以讓你從舒適的日式床墊看見雪景。第一眼會以為這幢建築看起來很傳統，但仔細觀察，細微的設計特色使它成為一種互動的藝術經驗──從浴室的光纖，到柔和的室內光照，試圖複製古代日本家庭使用的燭光效果。

光之館可以容納六個人，令人開心的是，親切的經理告訴我，其他的客人已經取消行程，今晚我可以獨享這個地方。這是多麼珍貴的禮物啊。

將近傍晚，一位當地廚師送來一頓剛煮好的晚餐，加起來有十個小碟子。當他輪流介紹裡面的材料，我忍不住想，自己能獨享這一餐，實在太縱情了。

我選擇用餐和睡覺的地點沒有其他地方堪出其右。白色的天花板上開了一個大大的方形天窗。按下一個按鈕，整個屋頂就會滑開，露出整片天際。

太陽下山前，一場光之秀開始了。圍繞著天窗周圍的區域慢慢地從一種顏色變幻到另一種。從窗戶我可以看見雪、山和藍灰的暮色；但是頭頂上，框住方形天窗的粉紅光，讓天空看起來更加蔚藍。

我手裡拿著筷子，靜靜地鞠躬，不特別向誰。我最先享用的是煮物，一碗竹筍、芋頭、金針菇和鱸魚。接著，當天空襯著它淡淡的櫻桃紅光框，轉成了綠色，配的是味噌醬汁的蜂斗菜花苞，以及搭配薑的照燒青魽。

現在，整個天花板換成一種淡靛藍的光，而天空看起來是黃色的，像是我的歐姆蛋捲，配上蕨葉和鮭魚。唯一的湯是下一道菜，在一片已經亮成天藍色的天空下，襯著棉花糖色的光框。現在是炸豆腐配蘿蔔，粉紅色點亮了，而天空變成了波斯藍。

天空本身在夜幕降臨時只有細微的變化，但與變化多端的天花板光框對比之後，效果很驚人。白光補足了茄紫色的天空，很像我盤子裡的白與茄子天婦羅。伴隨白米和淺色味噌湯的，是新的一抹粉紅光，接著是一片亮綠色的天空。然後，當這份餐點以一杯滑溜的牛奶布丁作結時，甜美的橘色讓天空變成一種寶石色的青綠。

光之秀即將結束時，我也吃飽喝足了，我將桌子清理好，移動到榻榻米上的日式床墊。天花板上的燈光回到了原來的白色，使天空呈現天藍色。月亮已經高掛一段時間了。夜正攀上天窗的邊緣。這時，我從我的床墊

深處望著無垠的天空，身體是暖的，但是寒冷的夜氣敷在我的臉上，開始下雪了。在房間裡。

真的雪落進真的房間裡。外面的進來。裡面的出去。我知道我應該關起屋頂，但我無法移動，想著為什麼這一切本來不會發生，但藝術如何讓它發生。我們是如何臆想與相信事情一定是某個樣子，直到我們明白那不是真的。任何事在正確的條件下，是如何變成可能。而這讓我不禁聯想到：我們還會怎麼限制我們自己？若我們停止告訴我們自己相反的事，還有什麼是可能的？

每一次室內的燈光從一種顏色變換到另一種顏色，方形天窗裡的那片天空也跟著變化。當我們被困住時，就彷彿我們只看到某一種版本的天空。我們忘了我們有能力看見許多不同的版本，只要我們改變外框。當我們失敗的時候，不是說我們應該否認或逃避，而是認知到我們能夠對於發生的事，轉換我們的觀點。我們是用悔恨與判斷的黑暗、沉重故事來定位它嗎？還是用羞恥與尷尬？用失望與絕望？或者我們要用較輕鬆的方式來定位它，當作是用勇氣與清明的心學習與成長的機會，當作是可能重新思考或改變方向的線索？或者只是淡淡地提醒我們，我們是人，人都會犯錯。是退縮或成長？責難或可能性？悔恨或學習機會？我們所看見的改變，取決於我們如何定位它。而那會改變每件事。

正當我墜入這些思緒時，一切突然黑了。光框不見

了。我突然被捲入門戶大開的天空，彷彿我被它向上吸走，這時，黑夜用它的大衣把我整個圍住。

隔天早上醒來時，四周一片寂靜。屋子外堆滿了幾公尺高的雪，附近看不到一個人影。昨晚睡著之際，我看著山下的村子，燈火在夜中閃爍，但之後一片霧移近，現在只能看到眼前的樹木。外面的白色與灰色有一百種色層。我為自己在烤魚架上烤起士吐司，在透明鍋裡泡茶。然後，我坐了一會兒。我知道，在我眼睛看到與我所理解的中間，有一段空白等著我。而當我等著的時候，我想起我昨晚用數位相機和 iPhone 透過天窗拍攝天空。我很好奇它們拍攝結果如何，所以我看了一下。結果很驚人。

用我的數位單眼相機所拍攝的，每一張照片幾乎都是相同的顏色，只是每一張愈來愈暗，這是當然的，因為天色愈來愈暗了。但是 iPhone 的照片則不然，天空的顏色隨著每一個色框的改變而改變，差不多就像我的腦子呈現給我的那樣。

透過不同的鏡頭，同一片天空看起來截然不同。而跟著這一點，「光之館」向我透露了最後一個啟示：我們對我們問題的觀點，不只端視我們如何定位它們，也視我們透過什麼鏡頭觀看而定。我們可以透過評斷的鏡頭，或者是一個感恩的鏡頭，而這決定了我們允許「失敗」造成多少情緒破壞。

我們在第一章中說到的「寂」，不是可以用人類的手創造的。同樣地，我們從失敗學到的教訓，也不是我們樂見的。失敗難免，但有不同的方式面對它，而沒有一種是要你評斷自己是失敗者。你如何經驗與從失敗學習，端視你選擇的定位與鏡頭。

也許，我從一幢由日本建築師與一位西方藝術家合作的建築裡學到這一課，並不是一個偶然。看看其他國家的文化，然後回頭看看自己的，是一件很有價值的事。明白觀看世界的方法不止一種，為我們提供了選擇：

·定位與再定位。

·感恩，不感覺罪惡。

·向上放射。而不向下墜落。

* * *

§佗寂啟發的智慧——重新定位失敗§

·學習這件事沒有「完整」或「完美」。學習就是學習。

· 失敗只是向外擴展的時刻。向前失敗就是一
種進步。

· 重新定位失敗,能轉換我們對它的體認。

*

§ 試試看:重新定位 §

想想你在某件事上失敗的例子。結合前面「從失敗
中學習的六種無壓力步驟」,回答下面的問題,並把它
記下來:

· 發生了什麼事?

· 是什麼讓你認為它是一個失敗?

· 這件事發生時,你有什麼感覺?

· 那時你是否有充分的準備?

· 外部因素有哪些?

· 你有否聽從你的直覺?它告訴你什麼?

· 未來面對相同的情況,你會有什麼不同的做
法?

· 你可以如何利用一種成長的重新定位,或者
透過感恩的鏡頭,重新評價這次的失敗?

· 這次的經驗結果改變了什麼?

· 現在你需要做什麼，以便從這件事繼續往前
進？

反思你的答案，用「感謝（加入事件的細節），我
現在⋯⋯」為開頭，記下你的想法。

第六章

與人的牽絆：

陶養人際關係

濱名老師把一束嬌弱的桃花和一枝黃色的油菜花插在一只竹製花瓶裡，放在凹間的一側。牆上掛著一幅由妙心寺的僧人所寫的「平常心」書法。我以跪坐的姿勢坐在榻榻米的低平軟墊上，身旁是我的朋友泉，他已經向濱名老師學茶多年了。

濱名老師穿著一襲黑色和服，光彩照人，優雅地在茶室進進出出，手裡拿了茶具和一個小亮漆罐裝的新鮮抹茶粉。一個釣釜掛著一個鐵茶壺，在地爐（一種設置在地板下，下沉式的火爐）的木炭上方微微地晃著，彷彿一陣微風正吹過房間。冬天正要離開，而春天就要來臨了。

我們安靜地坐著、看著、傾聽著、感受著。濱名老師是一位溫柔親切的主人，當他為我們備茶時，他的動作傳達了他想說的一切。我的茶碗是樂燒風格，墨黑色，帶有細緻的光澤，直立面是用手很巧妙地捏出來的。當我用手指握住這個茶碗，它感覺像是我自己的手的延伸。泉的茶碗較淺，有斜邊，是淺土黃色。裡面的茶是迷人的森林綠，表面有細緻的白沫。搭配季節的花形點心，微苦的味道相當清新。

木炭在地爐裡發出紅光。

早春的雨叮叮咚咚。

今天一切慢慢來。

日本的美學體現在傳統的茶道裡，並不需要特別傳

授。濱名老師在他的課堂上幾乎沒有講過哲學，然而我離開時，知道我學到了某種重要的東西。這只是儀式化的泡茶，但它的意義更為深長。我們三個人既給予，也接受，為彼此停駐當下。

得自茶室的啟示

古代時，武士們通過躐口，進入茶室前，都會卸下他們的刀，把它們掛在刀架上；這個躐口如此地小，以致於每個人無論其身分地位，都得彎下身，爬進來。茶室將世界壓縮成那樣的空間，當下時刻、共享的經驗。在裡面，每個人都是平等的。賓主互相關照。他們留意彼此，與人方便，對茶室提供的一切表現出感謝之意。

茶道的基礎是被稱為「和敬清寂」的四大原則，分別代表：和諧、敬重、清潔和空寂。[1]

和

「和」是主人與賓客之間互動，季節、使用的茶具、提供的食物之間流動，以及茶會上主要氣氛的理想特質。延伸來說，它可以被視為日常生活中人際互動的理想特質。這是與大自然和其他人合一的感覺，也是對彼此的敏感。和諧能產生舒服、自在的關係，為我們帶來平和感。

敬

「敬」來自接納其他人,如他們原來的樣子、他們的處境。這也是當我們展現友善與謙遜時會接收到的。主人與賓客都以謹慎、尊重的態度使用茶具,而賓客對茶會的布置與細節存以感念,且這些都是主人為賓客用心準備的。主人與賓客彼此體貼、人在心在,如我們日常生活中能表現的態度。

清

「清」指的是清潔的重要,也指對茶道細節的注重。傳統上,茶會的客人在進入茶室前,會穿過一條「露地」(花園小徑),並且在那裡的一個小石水臺洗手漱口。當賓客走在這條小徑上時,他們從日常生活嘈雜、汙穢的世界,轉換到茶室裡單純、安靜的空間。「清」也是跳脫對俗事與地位的清靜心與自由,提醒我們以信任、關心、不評斷的方式,找到彼此最好的部分。

寂

「寂」是動態的靜止——一種寧靜的感覺。根據裏千家茶道流派的說法,縱然一個人能努力一一達到前三個原則(和、敬、清),但最後一個原則得透過對前三者持續不斷的練習,才能達到。裏千家流派說:「一心

向茶的人，已準備好接近『寂』的完全靜止與靜謐。」[2]
不論我們的人生發生什麼事，保持平靜能讓我們思考清晰，反應得宜。

這四大原則已經在茶室中提供指引，代代相傳好幾個世紀，為我們的日常生活帶來寧靜。直到今天，它為處理人際關係提供一種溫柔的架構，在日常的體貼與特別衝突的時刻皆然。

想一想，增添一些和諧、敬意、清潔、空寂之後，你的人際關係——愛的關係與挑戰的關係——會有怎樣的不同？

對我們所愛的人寬容

我們家的K先生有一個習慣，總是把溼答答的茶巾放在廚房的一邊。這件事曾經讓我相當抓狂。他為什麼不能好好地把茶巾掛在架子上？每當我一次又一次把它放回去，種下另一顆小小的沮喪種子時，我都這麼問自己。我提過好幾次了，有一陣子他會把它掛上去，後來他又忘了，之後又出現在旁邊。通常在我應該做其他事時，我心裡反覆想著：其他人的先生也會這樣嗎？我是不是唯一要跟在我的另一半和孩子後面收拾的人？（關於這件事，附帶一提的是，這對K先生是完全不公平的，

因為他其實比我還整齊。）

　　然後有一天，我突然頓悟了。茶巾會放在旁邊的唯一理由，是他剛在廚房洗好、擦乾並收好每樣東西。而且，那是他剛做好晚餐、對女孩們講了一個故事、給我一個擁抱並問我今天過得如何之後。那是在他讓我們全部人都笑開懷、在廚房跳舞、一邊喝茶一邊分享祕密之後。我對 K 先生充滿感謝，然而 —— 不知為什麼 —— 我把放在一旁的茶巾視為眼中釘。最後，我終於放過它了。現在，每次我拿起那條溼答答的毛巾、把它掛上架子時，我選擇把它看作是所有我對他的感謝的象徵。

　　正如我們不是完美的，其他任何人也不是。如果你能用你的心看其他人，而不是用你的眼睛和大腦來看和評斷他們，會有什麼不同？如果你放過這些評斷和沮喪，接受他們的樣態，而不試圖改變他們，會有什麼不同？如果你不喜歡你所發現的事，這是很有用的訊息，你可以選擇接下來要怎麼做？但也許光是這樣的接納，就能帶給你不同的觀點，提醒你什麼是真正重要的。

> 侘寂啟發的世界觀，
> 能開啟一個愛的空間。

寬大的胸懷：尋找善

由於想要了解這一切如何連結回到禪與侘寂，我坐在京都春光院的副住職川上全龍旁邊。他解釋了佛教「空」的概念，「空」經常被解釋成「空無一物」或「無我」。根據副住職川上全龍的說法，這個概念比較不是沒有自我，而是與萬物合一的意識。[3]

我們全都相互關聯、相互依賴。我們無法遠離彼此，或者捨棄周圍的世界而獨立存在。這是為什麼我們在進行茶道的茶室中感覺到的連結如此強烈。這是沉思與欣賞彼此關係的一刻。我們全都忙著過自己的生活，但在那一刻，我們暫停下來，享受茶道的多感官體驗，我們穿越時間與空間。我們被提醒「和敬清寂」的原則可以如何將同理與平靜，帶入我們深度連結卻時而焦躁的生活。

最近，我和一位朋友松山愛共享了柚子米與冬季蔬食，她是多年前和我一起在日本電視臺學院接受電視主持的訓練時所認識的朋友。我們的老師是一位日本電視界的老兵。我第一次在課堂上開口說話時，她歪著頭，一副關心的樣子說：「噢，親愛的。妳聽起來像一個鄉下人。」（那時我剛從日本北部一個地方口音很重的地方搬到東京。）她完全沒考慮到，當我試著讀新聞稿、報氣象，或者在街頭做民意調查訪問時，是用一種外國

語。她把我當成和所有日本學生一模一樣。而我喜歡她這樣。

在課堂上，有一大堆理由可以讓我緊張、有壓力，但松山愛總是讓我在課堂上大笑，從來不會讓我把自己看得太重。我們這次重逢時，去了一間時尚咖啡廳，她又讓我很不得體地大笑了。松山愛是那種總是看光明面的人，在任何聚會上，總是帶來精采的能量。我請她分享她如此正向的祕密。她說：「我總是在每個人身上至少找到一個優點，即使是我不那麼喜歡的人。」這種寬大的胸懷對接受者來說，是一種無名的禮物，但卻讓松山愛自己的人際關係經驗愉快許多。也許她的名字裡面有「愛」這個字並非偶然。

> 培養寬大的胸襟，
> 能轉化我們人際關係的體驗。

這讓我回想起與川上副住職的對話，他提到人們往往有確認的偏見：他說，一旦我們認定某個人是「壞人」或「好人」，我們就開始根據我們既有的偏見，尋找證據來支持我們的假設。所以，大腦會強化我們對某人的假設。然而，如果我們能夠認識到這一點，反其道而行，試著尋找我們認定錯誤的證據，如此便可以在兩者的關係上造成很大的不同。這並不是意味要接受不合適的行為，或者容忍其他人霸凌或控制我們，而只是嘗

試在別人身上看見優點，即使我們不在每件事上認同他們。

如果某人有某種習慣令你惱怒，你可以做以下四件事中的一件事：

1. 告訴你自己：「他們又來了」，然後讓情況更加沮喪。
2. 如果無法忍受，採取行動，改變你的處境。
3. 接受他們的習慣，不再理會。
4. 在他們的行為中找到某個優點，雖然這樣是反直覺的。

決定權在你。

幫助其他人歸屬

返回京都讀書後不久的某一天，我在著名的哲學之道後面探索，無意間經過一座可愛的小寺院，名為「安樂寺」。它是關閉的，但是邊門開了一點縫隙。當時自己還是一個好奇的青少年，便把門推了一下，往裡面偷看。我看見一位名叫田中太太的女士正對著一群有說有笑的日本婦女教授籃編。她招呼我進去，請我加入她們。

原來田中太太真正的才藝是插花老師，承蒙她的友善，在接下來的一年，我每個星期一放學後都去她家裡，學習如何以草月流的風格安排與剪裁花朵。沒有任何壓力或比賽，只是一個享受連結與友誼的安全場所。當時我是個獨在異鄉的寂寞青少年。當田中太太邀我進入那扇門，她邀我進入了一個美與文化的世界，更重要的是，進入她的社群。

　　有一份曼徹斯特都會大學（Manchester Metropolitan University）的研究顯示，想要成功的壓力如何增加年輕人的孤獨感，而且有三分之一的英國年輕人受著孤獨之苦；我讀到這份研究時，特別反覆回想起田中太太。這份研究列舉「恐懼失敗、讓他人失望、社群媒體的壓力、重大人生改變、貧窮與覺得自己和別人不同」是造成這些影響的部分因素。[4]

　　雖然這份研究的焦點是年輕人，我們可以在整個社會看見這種現象，不論其年紀。整個教育過程中，我們都在彼此競爭——學業成績、運動會、音樂比賽等等，更不用說在社群媒體上的人氣競賽。在工作場合也一樣：誰得到升遷？誰贏得「年度最佳員工」？誰業績最好？當父母亦然：誰的小孩最早會走路？誰最早會說話？誰贏得了獎盃或是通過了入學考試？我不是說我們不應該為自己或我們最親近、最親愛的人的成就感到驕傲。當然，我們理當如此。然而，讓我們也留意所有我

們讚美的對象——我們是誰，而不只是我們取得了什麼成就，讚美我們的所得之外，也感謝我們的付出。

我們愈能向我們所愛的人展現我們尊重與接納他們所有光榮的不完美，我們愈能讓他們知道，當事情無法盡如人意時，他們不會被評斷或被拒絕。我們愈能幫助他們身心安頓於真實——而不是他們在手機裡看到的——我們就更有機會幫助他們感覺到歸屬。

爵士咖啡館的啟示

二十一年前八月的一個晚上，我和我的「藍月樂團」在一間昏暗的爵士咖啡館現場演奏。我是貝斯手，我的妻子京子擔任略帶悲傷的主唱，而我們的朋友澀江先生擔任鼓手。當時門是開著的，一位年輕的英國女子走進來，她背著一個背包，有一頭惹眼的染金頭髮，臉上掛著大大的微笑。

她向澀江先生揮手，然後去吧檯點了一杯啤酒。當我們的節目結束時，京子走過去和那位女子說話，她顯然剛開始在澀江先生的辦公室工作。（澀江先生白天是公務員，晚上是鼓手。）幾分鐘內，她們就聊得很熱絡。幾分鐘後，這個女孩一副又驚訝又開心的樣子。她開始不住地點頭和鞠躬。

我過去看發生了什麼事。「這位是貝絲，」京子說，「她剛從英國搬來。她沒有地方可以住，所以我說

她可以來和我們一起住。你不會介意，對嗎？」

就這樣，我們家開始變成眾所周知的「思鄉外國人足立醫院」。在我們有點不尋常的房子裡有一間小音樂工作室，裡面有一個固定式吧檯和一架大鋼琴。貝絲和我們住在一起的那段時間，這裡經常坐滿外國人和日本人，他們來這裡開派對、聽我們的即興演奏，還向我們的朋友富士學習怎麼調雞尾酒。

我們經常聊到很晚，在外面飄雪的時候，一起分享故事和火鍋。我二十幾歲時在國外待了幾年，一路接受許多人的善意。我住在倫敦的諾丁丘（Notting Hill），當時那裡還是個鳥不生蛋的地方，平時打雜工，賺點食物和摩托車油錢。

讓貝絲住在家裡，讓我想起我那段旅外的日子。她充滿了能量與好奇心，每次從地方政府下班回到家時，總有說不完的趣事，包括她遇到的形形色色的人，或者她遇到的奇事。

這些年來，我們的人生有很大的改變，然而我們仍然對簡單的事物有著共同的喜愛。暢快的聊天、冰啤酒、真正的友誼。我每天都細數我的幸福，而我年歲愈長，愈珍惜一個簡單人生的幸福。

以上是足立道幸回憶我們初識的那一天。足立先生是我所認識最親切、最大方、最怡然自得的人之一。我

想，他具備所有這些特質，絕對不是巧合。足立先生現在是一家成功企業的董事長，每幾年就帶著全部的員工到海外旅遊，他在公司裡鼓勵歡樂的氣氛，員工的轉換率幾乎是零。當我知道他的名字「道幸」意思是「路上快樂」，或者如他所說的「旅途愉快」，不禁莞爾。他和他的妻子京子教我許多如何找到怡然自得的方法，從培養與其他人的關係開始，以對一切感恩作結。

當然，有些時候我們必須對陌生人小心謹慎。但是我們有內建的直覺系統幫助我們辨識它，保護我們的安全。更有甚者，你身為旅人被對待的方式，正反映了你旅行的方式。若你帶著開放的心靈和大腦，那通常是你被接待的方式，而這一直是我在日本的體驗。

面對面

在我為這本書做研究的過程中，幾乎每一位大方同意接受採訪的人都請我面對面跟他們說話。在這個免費視訊聊天的時代，大老遠飛過半個地球去說個話似乎是太超過了，但這很重要。引領日本人在美的面前感受侘寂的相同直覺，也指引他們讀你整個人。他們能辨識出在言語、未說出的話之間，還有多少含意，而且，對交心來說，沒有什麼比得上面對面。

在日文裡有句話說，「空気を読む」（音「kǔki o

yomu」），字面上的意思是「讀空氣」。它指的是去感覺氣氛、察言觀色的能力，並據以行動。其線索可能來自肢體語言、臉部表情，或純粹一種感覺。會察言觀色能促進一個團體裡的和諧，因為它讓你觀察到其他人的需要，而不用他們具體說出他們的需求，明白什麼時候該說話，什麼時候該傾聽。這不是日本人的特質。任何人只要具有直覺、情緒智商和同理心，都可以做到。當你想要提出一個棘手的議題、分享不太好的消息，或者只是想展現你和其他人合拍時，這可能是一個很有價值的工具。與其只是用眼睛看、用耳朵聽，試試看透過全神貫注的傾聽，用心體會一個人、一段對話。看看會有什麼不同。

平靜的規則

根據「全球和平指標」（Global Peace Index），日本不斷出現在全世界最和平的十個國家名單中。[5]《每日電訊報》（*Telegraph*）的丹妮爾・德米崔歐（Danielle Demetriou）最近發現：「東京可能是全世界人口密度最高的城市之一，但它也是一個擁有平和與效率節奏的城市，與其擴張的規模不相符。」她繼續寫道：「京都又因為其河岸的櫻花盛開成為雲一般的花海，禪意公園則因為耙過的沙圃和引發俳句遐思的石山而另有一番風

情。」[6]

在人擠人的地鐵、嘈雜的柏青哥彈珠店[7]和不絕於耳的公共廣播之外，有一種沉潛的平靜，邀請你放鬆、深呼吸。有

> 一個侘寂啟發的世界觀，能幫助我們在混亂的世界中帶來平靜。

些人可能會說，這與林立的寺院、神社（單是在京都，就有超過兩千座寺院與神社）和公園有關。其他人可能會說，這是日本的美學，促成這個國家在最令人意想不到的地方，提供沉靜、簡單與美的時刻。然而，一些人會說，這與人們的舉止和彼此互動的方式有關。

能夠在躁動的生活中找到一處平靜之所，有助我們處理事情、做更好的決定、保持平靜，也讓彼此的溝通更為順暢。它對身心都有好處，因為每當有意外或挑戰的事情發生時，平靜能避免我們的身心系統因為壓力賀爾蒙而氾濫。

生活中難免有興奮、狂喜、心花怒放的喜悅，甚至緊張期待的時刻和場合。這些極端的情緒極少與平靜同時並存，而且也是我們生活經驗的一部分。然而，長期處於某種極端情緒──無論是興奮還是沮喪──非常累人。在日常壓力和不確定性之上施加極端情緒，可能會招致混亂。平靜可以作為一種滋補品，使我們恢復平

衡，帶來清明、平和與安靜的精神。

這讓我們想起一切總是不恆常、不完美和不完整的，並鼓勵我們在力所能及的地方尋求簡樸和寧靜。

平靜的溝通

千禧年之交，我正在東京，為由韓國與日本共同籌辦的2002年國際足總世界盃的主辦單位工作。合作世界最大運動賽事之一，無可避免會有各式各樣的實務與政治挑戰，以及細膩的談判。雖然如此，在日本官方與歐洲、美國官方會議討論時，很難聽見日本方拉高音量。

那段時間我學到的一件事，是平靜溝通的價值。各方都有巨大的歧見、似乎無法解決的問題和實實在在的挫敗，更不用說層層加諸的跨文化誤解。然而，過程中卻沒有一個問題是用憤怒或運用口語暴力來解決的。透過技巧純熟的口譯的協助，溫和的方式占了上風。

我們都想被聽見與被理解，在溝通時保持平靜，能幫我們把這件事做得更好。當有人以咄咄逼人的方式跟我們說話、強加某個想法給我們、說傷人的話語或者我們強烈不同意的事，我們是有選擇的：我們可以選擇用升高負面能量與衝突的方式回應；或者我們可以選擇平靜的回應方式，促成更周全的討論；或者乾脆結束對話。這不是說要一味同意，或者妥協，而是利用平和的工具，促進更好的對話，避免額外的壓力。

超越文字

我們都會透過肢體語言和臉部表情來溝通，另外還有我們的語調、我們的能量高低。依據我們選擇對待彼此的方式，我們可以開啟對話，或是關閉對話。一旦某人關機了，就很難讓他聽見你試圖要說的話，而如果你讓自己捲進負面能量的漩渦，你也很難聽見別人說些什麼。

我在日本學到關於平靜的溝通最重要的一件事之一是：你可以傳達你的感受，但不用重現你的感受。所以，如果某人讓你覺得很生氣，你可以解釋你的看法，但不用吼叫。你可以讓某人知道你很沮喪，但不用對他們粗聲粗氣。而如果你可以這麼做，對每個人都是一件好事。

在說日語的人的思想脈絡中，在說出來的話之外，還意味著好多的絃外之音。從禮貌的程度、鞠躬的角度，到莫名地不需明說的氣氛和共同的理解，對日本人而言，言語本身之外，還有無限多的意義。雖然要翻譯出這些細微之處非常困難，但是有一些很有價值的事值得我們記取：敏感、耐心、真正的傾聽，以及對他人的體貼。

溫泉的啟示

我很清楚記得我犯下錯誤的那一刻。

那是個忙碌的一天，當時我鼻塞感冒，正全力要完成一份長長的清單，我想要打字時，我的大女兒掛在我的手臂上，小女兒在我腳邊爬來爬去找洋娃娃不見的一雙鞋。我真的應該停下來，等個安靜時刻再來完成訂房，但我在假期前快沒時間了，所以我繼續。太糟了。

一個星期後，我經過整夜的飛行和長途火車的勞頓，現身在日本長野縣偏遠的上林溫泉。一位親切的值班經理為我奉上一杯熱黑豆茶，一切都很順利。但這時，他露出了一點狐疑的表情。

「妳的旅伴呢？」他問。

「只有我一個人。」我回答。

「喔。」

原來我付了 250 英鎊，只包括這個溫泉旅館的住宿，是兩人房的價錢，雖然只有我一人。而這個價錢不包含任何食物，而且時間已經太晚，來不及加訂任何東西，因為廚師已經被告知用餐人數。如果你去過日本的溫泉，你會知道，一旦你把疲憊的身體泡進溫泉後，來這裡泡湯的樂趣之一，就是穿上一套棉製的浴衣，盡情享用一頓精心料理的當地餐點。食物是一半的重點。在一間「溫泉旅館」，沒有人只訂房而不訂餐的。

「真抱歉。我可以推薦妳路底有一間很不錯的拉麵店。」他提議，試著想幫忙。

我覺得四分五裂。外面的雪有1英尺深。而且我很確定，在泡完溫泉後，當其他人都在飯店裡享用名副其實的大餐時，我絕不會為了一碗拉麵在天寒地凍中一個人走在路上。

當然，這是我的錯。（其實，是我和訂房網站Expedia的錯，他們竟然在一處溫泉旅館提供只有住房的選項。）但知道這個也於事無補。我腦袋裡開始不停地叨絮著：為什麼妳不能專心五分鐘，一開始就把訂房訂正確？為什麼妳沒有花時間看細節？很典型的問題。（雖然這其實也不算典型。我通常對安排行程的事務很擅長。）有時候混亂似乎會自己長出來。

但這時我的日語派上用場，我忙不迭地連聲道歉。「噢，不用擔心，這完全是我的錯。我訂房時應該要更注意。真是可惜，我一直期待享用美味的長野在地美食，但完全是我的錯，搞砸了這個安排。我很抱歉因為這場混亂讓你手足無措⋯⋯」

一定是我說日語這種特別有禮貌的語言時，聲音中的語氣有什麼特別的，也許，是我的肢體語言也反映了值班經理的肢體語言，因此讓他思考。也許這位疲憊的外國旅客，她只想要泡個熱澡、享受一頓美味晚餐，但她沒有小題大作，相反地，她一再地道歉，而不像有

些旅客那樣盛氣凌人，因此讓他三思了一下。

「請坐一下享用妳的熱茶和蛋糕。我進去辦公室一下，看看能為妳做什麼。」他一邊說，欠了欠身，碎步離開了。

他打了一通電話，在我還沒吃完迎賓點心前，就帶了好消息回來。他跪在我身邊，又抱歉了一次，說因為我千里迢迢而來，廚師會準備一份特別的餐點，歡迎我享用今晚在屋裡的十二道餐點，我是否願意賞光？會來嗎？我驚呆了。

謙遜與和善會遇到謙遜與和善。沒有小題大作。沒有壓力。只有善意。

當我盡情享用當晚飯店餐廳味噌湯裡的蓮藕、蝦子和青豆時，我想著這件事。廚師為我精心烹調了深炸當歸芽配燉牛蒡，有當地木頭煙燻的味道，我默默地送上我的感恩祝詞，同時也把這件事反覆想了又想。當長野牛肉和洋蔥在我前面隔著一枝蠟燭烹煮的時候，我思考著為什麼我們對一個問題的自然回應，往往會爆發成壓力、憤怒或指責的反應。當我把我的筷子伸去夾當地挖出的菇類，我想著那些事多麼地於事無補。

接著，當蛤蜊湯、當地米飯和漬物端上來時，我想到了三個問題可以幫助我們以比較平靜的心境，處理棘手的情況。下次你想要在衝突時刻大聲尖叫時，深呼吸一下，然後問你自己：

1. 我真正的感覺是什麼？在憤怒或沮喪的最初
   反應底下，什麼是較底層的感覺？也許它真
   的是關於某種其他的東西——例如孤獨、恐
   懼、罪惡或悲傷。了解這一點有助於緩和你
   最初的反應。

2. 發生了什麼事，為什麼你眼前的這個人說了
   他們說的這些話？注意聽，並且嘗試了解他
   們的觀點，這樣能幫助你理解情況，即使你
   不認同。這能幫助你冷靜，並且以更加有效
   的方式回應。

3. 我想說什麼，以及為什麼我覺得我需要把它
   說出來？

　　是因為你想要找一個解決的辦法，跨過這個情境然
後往前進？或是因為你的自我想要搶下一分或是吵贏一
架？把焦點放在共同的解決之道，而不是比賽或操弄，
這樣可以讓你更冷靜地處理這個情況，並且更快地解決
它。

　　下次當你感覺怒火上升時，或者發現自己在責罵孩
子、夥伴或同事時，試著想想這些問題，看看你是否能
以較平和的方式解決事情。然後留意當你這麼做時，你
的感覺有什麼不同。

試著將你的侘寂世界觀帶到你所有的人際關係中，你很快會發現，以這樣的觀點，它們看起來有多麼不同。

　　　　　　　　　　　＊　＊　＊

§侘寂啟發的智慧：陶養人際關係§

・侘寂為愛開啟一個空間。

・沒有人是完美的。當我們尊重彼此的不完美，我們的關係就會深化。

・茶道的四個原則——和敬清寂——能幫助我們發展良好的人際關係。

　　　　　　　　　　　＊

§試試看：在日常生活導入茶道的精神§

　　想想某個你特別親近的人——也許是你的配偶、某個孩子、父親或母親、一位朋友或一位工作上的同事。寫下你可以運用在與其朝夕相處的人際關係的原則。你

的答案可能是情緒化或者務實的建議。

和

- 你可以多做什麼以促進和諧？

- 你可以少做什麼？

- 你可以怎麼做得不一樣？

- 你可以試一次什麼事？

- 為了和諧的緣故，你可以放下什麼？

- 你可以留意他們生活中的什麼細節，並且更注意這些細節嗎？

- 那個人的自然節奏是什麼？你可以在你的生活中如何將它一併考慮？（例如：重要對話的時間點、在忙碌一天後給他們一些空間、暗示他們在一星期的辛勤工作後有一個睡懶覺的時間。）

- 你如何幫助他們顧及多一點你的自然節奏？

- 你可以分享關於自己的什麼事，有助於他們支持你？

敬

- 這個人有什麼地方值得尊敬？你可以怎麼讓他們知道這一點？

- 你此刻可以如何表示你的善意？

- 在你與他們的關係中，你可以如何表示謙遜？

清

- 當你在這個人身上找他最大的優點，你看到了什麼？
- 你要怎麼讓他知道這一點？
- 回想一下最近一次你與他們的某種衝突。若你處理這個衝突時，心中懷抱著即使是在衝突之中，也要看見他們最好的一面，那會有什麼不同？
- 列出你關心這個人的所有方式。找一個可愛的方式告訴他們。

寂

- 你要如何在你的人際關係中培養平靜？
- 是否有特別的時刻或情境下你會傾向以充滿情緒的方式回應？若你採用和諧、敬重、清潔、空寂的方式處理這個衝突，你會有什麼好處？
- 你如何在你們共處的時間裡，積極建立更多空間與平和？

第七章

人生行路：

享受你的生涯之旅

我無法想像和一個日本人談論生涯時，會冒出「侘寂」這個話題。「生涯」這個字會讓人想到奮發、競爭、壓力、某個特定的目標。侘寂大多只會讓人想起與所有這些相反的事。然而，在我花了幾乎十年的時間幫助人們轉換到一個重獲新生的工作，或者找到讓他們放輕鬆、愛上現有工作的新方法後，我知道，其實透過侘寂的鏡頭觀看我們的生涯，我們可以學到很多。

侘寂的核心啟示──每件事都是不恆常、不完美、不完整──讓我覺得像是一張巨幅的許可條，讓你在你的生涯中探索與實驗。雖然我們傾向將生涯視為一種線性的東西，侘寂提醒我們，生命是週期循環的，我們可以在我們的一生中擁有一種以上的「生涯」。這一章全是關於如何享受生涯之旅，而這要從認識你此刻身在何處開始，如此你才可以選擇要如何向前進。

完美的不完美之良性循環

想要融入但要表現突出、要跟上又要衝刺的矛盾願望，全為了追求那不可捉摸的完美；而那種想法與你在這裡擁有的生活相當違和。

在我的工作中，我明白完美的誘惑吸引究竟影響有多大，而且不是好的影響。它滲進人們生活裡的每個領域，不只滲入他們的工作、擊倒自信與自尊，也升高焦

慮與壓力水平。它也實際影響人們如何分配他們寶貴的資源──尤其是時間和金錢。

我工作中遇到的職涯情境主要有五種：

1. 「我喜歡我的工作，但是覺得它壓力太大了。我不確定我是否想要換個生涯跑道，或者換工作，或者只是找一種比較好的工作方式。」

2. 「我討厭我的工作，但覺得被困住了（因為我對於自己還能做其他什麼事缺乏自信或想法），或者有牽絆（因為環境因素，例如經濟或承諾）。」

3. 「我的工作還好，夠支付帳單，但是……（或者『我對我的工作得心應手，但是……』）我夢想某個其他的東西（通常是某種更有創意的事），雖然一想到真正去做那件事會令我害怕。」

4. 「我最近主要的工作是照顧孩子。我打算回去職場，但需要工時或工作內容比較有彈性，而且我不確定我之前的工作是否仍適合我。」另一種是：「我對於花時間撫養小孩覺得很驕傲，但是現在他們長大了，我想為自己做一些事。」

5. 「我失業了，我不知道這是一場惡夢，還是偽裝的祝福。」

　　幾乎在所有的案例中，我的客戶所認為是問題的，極少是真正的問題。很多人把「金錢」和「時間」列作他們主要的挑戰，但那通常是一些以精明的優先順序就可以解決的問題（第八章有一些祕訣幫助你處理這個問題）。而且通常這也因為關於現今有多少彈性的、在家工作的，或者經營自己事業的機會，他們完全被蒙在鼓裡。

　　然而，在所有抗拒改變、「被困住」的感覺之下，存在著真正的阻礙：害怕自己不夠好、害怕知道的不夠多、害怕失敗、害怕在知道結果前採取行動、害怕失控（但本來情況就沒有受控）、害怕不完美。雖然每個人的情況不同，我已經隱約看到一種模式──一種「做不到完美」的惡性循環，它看起來如下：

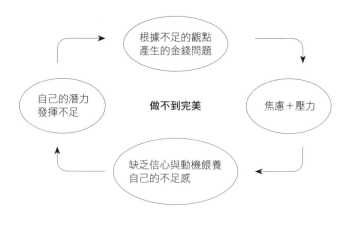

當我們接受不恆常、不完美與不完整是萬事萬物的自然狀態這個觀念，我們可以利用我在這本書分享的所有侘寂啟發的智慧與工具，來打破這個循環。然而，光是放鬆、對我們自己溫柔一些、做好選擇以享受這趟旅程，就會有巨大的收穫。

　　加總起來，可以幫助我們轉變到「完美的不完美」的良性循環如下：

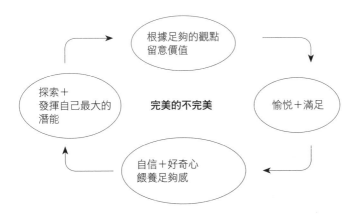

善用你的侘寂啟發工具

　　每當我參加企業人士的專家小組或公開研討會，幾乎總是會被問到與競爭、比較或足夠相關的問題。經營一家企業，在你眼觀四面、耳聽八方時，很難不發現自

己正在比較你的「成功」和其他人的「成功」。

領薪水的工作也是一樣的。少了鼓勵比較和競爭的情境，便很難隨時留意工作場所和你所在產業發生的事。只要這有助於你追求真正想要的東西，就是有益的。但一旦它偏離了你自己的道路，結果可能是破壞性的。

要記住一件事：其他人的成功不會阻礙你達成目標的機會。他們的成功甚至可以為你和其他人開啟新的機會。他們會走他們的路，你應該走你的。你本自俱足你需要的每樣東西，足以去任何你想去的地方。

把這些工具用在陶養人際關係、重新定位失敗、接受你在工作中完美的不完美自我，就像把你的工具利用在工作以外的地方一樣重要。若你能展現統整的精神，讓你的內在美發光，遇到你的任何工作場所和客戶都是幸運的。如果他們沒有展現出對你的欣賞，你自己心理衡量一下，看看是否該繼續往前的時候到了。

> 你的心一路導引你走的不完美的路，對你是一條完美的路。

看透你目前工作的表面之下

不久前，我參加一個外部聚會，第一個問題是：

「如果我們拿走你的工作，我們會發現其他什麼東西？」當中有一位女士怔住了。你可以看見一種逐漸的領悟像是一陣浪濤波動過她的身體。「什麼都沒有。我就是我的工作。我到這一刻才明白。喔，哇嗚，我沒想到是這樣。我需要做一些改變。」

這位女士是我所認識最聰明、最熱情、最有趣，也最溫暖的人之一。然而，她卻無法想起任何她生命中與工作無關的事。我恰好知道她有一份半完成的手稿收在她的桌子裡，而且她熱愛旅行、有一群可愛的朋友。但是她為了追求一個遙不可及的完美事業目標，把所有那些事都放到一邊，結果所有的空間都被她的工作占據與吞噬。她的生活全變成和表面有關的事──成就、成果鑑定、升遷、薪資和地位、忙碌的責任。她和我們許多人一樣，也忘了表面的事物底下是什麼。

所以，讓我們花一點時間提醒自己日本美學的四大情感底層，看看如果把它們鋪在我們的生涯道路上，會發生什麼事：

物哀

對生命稍縱即逝之美的感知。

1. 你目前的工作有什麼優點？
2. 想想你現在所處的人生與生涯階段，然後

完成這個句子：「現在是該去……的時候了。」

3. 為了要把此刻發揮到極致，你需要先做什麼？

幽玄

藉著我們的想像所看見的世界深處。神祕的美，明白我們是某種比我們巨大非常多的某個東西的一部分。

1. 你有多用力嘗試控制你的職涯道路的方向？如果你放鬆一點，對神祕持開放的心，可能會發生什麼事？
2. 你更深層的目的是什麼？或者以你的職涯是否能完成？
3. 若你有被忽略的夢想，已經被束之高閣很長的時間，你可以對你的工作安排做哪一類改變，給予它們一些關注？

侘

經由體認到簡樸之美所產生的感覺。在物質世界的羈絆之外發現的寧靜知足。

1. 你可以如何簡化你的工作人生？你可以如何

積極減少你的工作量，並且簡化溝通過程，把焦點只放在真正重要的事？

2. 你可以如何盡量低調，避免權力角力與八卦耳語，讓更多的平靜進入你的工作時數裡？

3. 若你因為完美傾向而工作超時，如果你能信任某個人分擔一些你的工作，你可能會得到什麼空間？

4. 如果你感覺你的工作僅夠餬口，你是否能重新檢視你的財務，找出讓生活更簡單的方法，讓你的工作負擔不那麼重？

5. 你的工作勝任愉快嗎？你如何運用你的天賦才能？你可以多做什麼？

寂

在時間過渡中伴生的深沉與寧靜之美。

1. 你的職涯在經過多年淬鍊後結出什麼果實？你學到了什麼？

2. 你是否太過擠壓你的職涯，追求速成？若你能放鬆，隨其自然節奏，讓成果經由時間自然水到渠成，會有什麼不同？

3. 若你感覺現在是改變的時間點，你已學會什麼技能，讓你可以在其他地方發揮？你在偉

大的生命學校裡學到了什麼,讓你可以在下
一個職涯中發揮?

正如同這些美的情感元素在日本美學中扮演重要角
色,它們在你的職涯道路上可能也是重要的指引。它們
需要暫停、關注、理解,並且歡迎奇蹟的降臨。

現代日本的生活

從 17 世紀初到 19 世紀中這超過兩百年的時間,日
本基本上是透過一種全國性的鎖國令,對世界其他國家
關閉門戶,史稱「鎖國」。這種狀態直到 1853 年美國海
軍準將馬修.佩里(Matthew Perry)和他知名的「黑艦」
(Black Ships)抵達東京灣,迫使日本重新打開貿易之門
為止。五年之內,日本也和包括英國與俄羅斯等其他國
家簽訂了貿易條約。

接踵而至的觀念與技術,對日本的生活習慣造成無
法逆轉的影響。日本隨後的興起,第二次世界大戰後,
從經濟上無足輕重的角色躍升成為世界要角,帶來了西
化——西方服飾、西方風格,以及在某種程度上的西方
思想。從那時開始,日本就成為一個高科技、高收入的
世界。人民變富裕了,生活水準提高。隨著新一波的財
富到來,城市快速擴張,摩天高樓林立,還有舉世聞名

的子彈列車。

即便你從來沒有去過日本，你可能對那裡的職場生活面貌有點印象。這些印象也許包括西裝筆挺的「上班族」，或者是不幸被稱為「OL」（辦公室女郎）的人，被戴著白色手套的站務人員推進通勤列車；或者精疲力竭的上班族在返家的車上打瞌睡。也許你心目中的日本是行人在閃爍的霓虹標誌與巨大看板下，魚貫穿越澀谷十字路口的經典畫面——成千上萬人往四面八方而去。

東京有著不可思議的能量，而那裡和日本各地城市的數百萬、數千萬人確實過著通勤生活。幾個月前，我還是他們當中的一人，而我也喜愛當中的一些部分。然而，如同世界上許多地方，比起以往，對於不再想這樣行色匆匆過日子的人，更多的機會正在開啟。

慢的革命

島根縣的深山中，靜躺著一座迷人的小鎮大森町。幾個世紀之前，在它的全盛時期，周圍的石見銀山地區有二十萬人熙來攘往，開採全世界最大的銀礦。然而，當這座礦場於 1923 年關閉時，這個小鎮就像許多先前的採礦社區一樣，逐漸凋零。大森町有一度人口所剩無幾，若不是當地一場大規模的努力，人口可能會完全消失。這次的努力包括一對於 1980 年代初期搬到此地的文化與地景保存先鋒松場夫婦，他們為當地注入了新的生命。

如今，石見銀山已經被聯合國世界文化組織認可為一座永續發展的燈塔！[1]

設計師松場登美和她的夫婿松場大吉在約莫四十年前和他們的小女兒一起搬到這裡。大森町是松場大吉的故鄉，他們認為，比起他們原本居住的名古屋，這裡和緩的生活步調會比較適合他們這個小家庭。由於這裡的工作機會很少，登美開始用碎布做成拼貼手工藝品，她的先生再把這些手工藝品賣到零售商店。這是一個事業的草創，而這個事業後來成為日本「慢衣時尚」[2]的領導者，以「群言堂」[3]（這個名字取自中文，意為「每個人都有發言權的地方」）的品牌在全國擁有分店。他們的公司如今雇用了當地大約五十位居民，全國分店還雇用了更多人。

登美告訴我：

> 我們不把自己視為流行品牌。增加與我們有共同價值的人數，而且共同價值是他們被我們產品吸引的原因。我們的使命是維持品質和所有我們提供的傳統，並且支持人們以溫和與真實的方式生活。

除了使用當地找到的自然素材與勞動力來生產他們時尚的服飾和家用品，登美和她的先生還著手整建幾棟

歷史建築，保護該地區的歷史。來到這裡過夜的旅客可以住進一些日本最傳統的住宅，[4] 很多建築被社區當作藝術表演與展覽之用。

最近如果你到大森町的大街上散步，你也許會看到一群年輕人在麵包店外聊天，幾個人騎腳踏車去上班，或者幾位年長者結伴去採山上的野菜。你會經過幾排精心維護的木造房子，聽見人們一邊忙著手邊的事，一邊彼此打招呼。這座小鎮是慢活的典型，而且，當地居民散發出對這個社區真實的屬地感與光榮感。

登美在這裡建立的生活與生涯，是愛的勞動，而且一路走來，她的工作演進了很多次。她是這個社區的中流砥柱，應該可以為她在這裡所扮演的角色，為人們找回生活，而感到驕傲。自從 2011 年日本關東大地震後，特別有一群新住民湧入，讓許多人重新思考物質成功的重要性，並且重新安排真正重要的事之優先順序。

登美和她的先生不只為永續事業開創新路，他們也是令人矚目的典範，示範了一個生涯可以如何多面，而且持續演進。他們剛起步時，完全不知道這場冒險會帶他們到什麼地方。登美現在已經當外婆了，仍然充滿了想法與能量。她的人生功課還沒結束，她也為此感恩。

群言堂的口號是「有根的生活」。登美說：「我們的理想生活方式就像是一棵樹的生活方式——把抓緊地的根扎好、站穩，然後慢慢地成長。在扎根的同時，享

受我們的日常生活、追求長遠的目標，並且對我們周遭的人發揮正面的影響。」

就我個人而言，我受登美特別啟發的一點，是她創立群言堂時四十三歲，比我寫這本書時多沒有幾歲。創立某種特別的事業，永遠都不嫌晚。登美提醒我們，一個生涯可以如何開展、顯露出零星的閃亮珍寶；只有當你投入這段旅程、跟隨你的心、採取一種生涯哲學，而不只是單一的生涯目標時，它才明顯可見。

走你自己的路

我最喜歡的日文漢字之一是「道」，當它發成「michi」的音時，意思是「小徑」或「道路」。但是它通常和其他字組合在一起，作為「之道」的意思，在這種情況下，它的發音是「do」。你可能聽過「茶道」，指的是「茶之道」；「武士道」是「武士之道」；而日本書法被稱為「書道」，是「書寫之道」。在一般的武術裡，我們可以看到「柔道」，指「柔和之道」；還有「空手道」，指的是「空手之道」。

我們的生涯與此非常相像，也是道路。當我們回首看看我們至今走過的路，我們看到它不只是蜿蜒的──它常常自己彎回去；有和緩的彎，也有髮夾彎。努力不同，但付出總會得到回報。我們走到我們所在之地所花

費的時間並不重要。我們走到下一個地方所要花費的時間也不重要。事實上，結果本身並不是重點；你達成結果的方式，比你得到的結果還要重要。

道館的啟示

最近，比起在道館，你可能會比較常在畫室裡看到複合媒材藝術家莎拉‧卡巴瑞提（Sara Kabariti），然而，在日本受過幾乎三十年的武術訓練後，她說，那段經驗讓她了解了生命的許多層次。「簡單地說，我學到如何學習。我學到紀律、努力和堅持的重要，而且要帶著熱情與喜悅去做我做的每一件事也一樣重要。我花了好幾百個小時一次次地練習，鍛鍊我的體格和力量。」

由日本國家教科書公司出版的《日本商業用語字典》（NTC's Dictionary of Japan's Business Code Words）中，在「修業」（翻譯為「為直覺的智慧做訓練」）這個條目下，確認了這一點：「在日本的價值體系裡，做事情的方法比做了什麼重要……日本人相信，某件事學得愈辛苦，而且需要更大的力氣才能學習，那麼，這項知識或技能便愈加珍貴。」[5]

在日本，形式是一切。這點在兩件事上特別為真，一個是手工藝（這解釋了為什麼匠師得花數十年的時間，他們的技藝才會真正得到認可），另一個是他們對

人生的態度（這解釋了日本人生活中的大量形式與儀式）。陶藝家真起子曾經說過她如何努力追求她的手工藝作品在形式上的進步，而從不期待達到絕對的完美。她知道不完美是事物真正的本質，所以她努力的目標是盡可能接近她可以做到的最好狀態，而不是謬誤地期待她最後會到達什麼境界。

優秀比完美重要

當「優秀」這個概念被用來當成激勵向上的動力，它會是非常有價值的。這與為一個不可及的完美目標努力截然不同，更不用說期待我們將會「抵達」，精疲力竭地不斷往前，最後難掩失望，因為這個目標從來就無法達到。理解這一點的差異很細微，但影響很巨大。

莎拉・卡巴瑞提對於形式的關注，最後得到了回報。回想參加歐洲杖道錦標賽時，[6] 她告訴我，有一個長「型」（招式）的奪牌機會特別讓她感到緊張。她的教練走過來說：「莎拉，妳經歷所有的訓練，妳的身體知道該做什麼，但妳的心不允許它去做。」在那一刻，她領悟了，並且放手。她明白我們必須設定意向，勤加練習，盡力而為。然後是相信。後來，她和她的夥伴贏得了金牌。

她說：

當我們放手並且相信的時候，奇蹟真的開始發生。日本人是發現最小阻力線的大師，雖然它看起來不是有邏輯的路。武術教導我們跟隨能量與動作的流動，而不是抵抗它。我也學到了，當你認為你知道了，或者你認為你做不到的那一刻，你就輸了。我從很早以前就被教導對當下保持開放的心，並且全神貫注。放手是重要的人生教訓，也是每日的修行。我們可以訂定意向、勤加練習，但在某個時間點，我們必須相信，讓事情在它該來的時候就位。我最近的密咒是「順服」。

訂定你自己的步調

要在你完美的不完美人生情境中，朝夢想的方向前進，你需要對你自己與對過程的準備、投入與信任。在你參與創造角色之前，你必須放掉得到所有答案或對未來一個「完美」圖像的需要。一種侘寂啟發的世界觀允許我們用感覺的方式生活，不那麼在意我們認為其他人怎麼想（或者我們應該根據其他人的想法來思考），而更關注於什麼對我們是真正重要的。不斷地問問題、繼續向前，依據生命的起伏，有時候慢，有時候快。

《日本心，和平心》（日本人の心、伝えます）是

關於茶的世界的一本小書，由茶道裏千家流派前理事長千玄室撰寫。在讀這本書時，我無意間看到「序破急」這個詞。這指的是三種不同的動作速度——舒緩、加快、急。[7] 千玄室解釋在茶道中怎麼有節奏，以及茶師必須依據要求，變化他們的速度。他也繼續說明他們要怎麼改變他們的力道水平——有時候溫和，有時增加一點力道，有時全力以赴。如他結論所說，這也可以是人生重要的建議。

我已經談過一些關於放慢腳步的事，讓你自己留意更多、感覺更多、看見更多、體驗更多。這是從匆忙的起點來說的，這似乎是今日我們許多人預先設定好的步調。然而，慢下來並不意味宣布暫停我們在世界上做有意義的事之願望，或者不再擁有企圖心，或者不參與令人振奮的事。慢下的重要性有如快跑的對比，而有時候變換步調是一件好事。

正如千玄室所說，改變我們的力道水平對我們的幸福也很重要。當我們在同時間費力張羅許多事，便無法全神貫注於任何計畫、會議、機會或對話。我們必須妥善安排優先順序、有條不紊，每次專注一件事。

我們必須把我們的力氣放在它能發揮最大作用的地方，並且能帶領我們朝我們真正想前往的方向而去。而每次我們為某事全力以赴，我們得把其他的事放一邊。每次全力衝刺後，我們必須空出恢復的時間，允許自己

放鬆一下。利用這三種力道的速度和排擋，對於我們是否能享受生涯之旅，並且一路順遂，會有翻轉式的差異。

對改變抱持開放的心

自從工業革命以來，職場世界不斷以最快的速度改變。許多傳統工作正在消失，而新的機會正在開啟。我們沒有任何人能預知五十年後的工作職涯會是什麼樣貌。我們可以努力抓住現在的狀態，或者我們可以擁抱這場革命、善加利用，以便開創能夠支持我們想要的生活的職涯。

隨著快速進化的科技給了我們許多人從任何地點、任何我們選擇的節奏都可以工作的機會，這段話比以往任何時期都更為真。我們從來沒有像現在這樣必須體認到，即使我們不改變，職場世界也會改變。對我們生涯的衝擊，決定於我們是否擁抱它，或者在現狀不斷改變時，仍死命緊抓著它。

> 世界上沒有單一的完美生涯道路，只有一條我們邊走邊興築的道路。

我們具備的知識與技能，通常不是特定某種產業的，而且能以多種方式效勞。當我們可以輕鬆看待，明

白我們的職涯是變動的，不是靜止的，我們便能打開心房，迎接未知的可能性。承認我們曾經以為的鐵飯碗是不恆常的，並且對此有所準備，那麼，當改變降臨時，我們將有所準備；而且這也能提醒我們，若遭遇困境，也不用永遠固守於此。甚至，我們該問，我們想這樣嗎？比較可能的是，我們在二十歲、四十歲、六十歲和八十歲時，想要的東西很不一樣。

這一切與我們一直被教導的成功之道大相逕庭——我們被教導的是，我們應該跟著一條路，堅持下去；金錢和地位就是目標；若你沒有達到某種完美的特定形象，你就失敗了。我在過去十年的大部分時間裡幫助人們轉換工作、開啟他們自己的事業，或者重新安排優先順序，做更多他們喜愛的事，我知道，這種觀點正慢慢地移轉中，但是要走的路還很長。總體來說，從我的工作中所見所聞，我發現我們仍然太在意其他人怎麼想，我們還不夠關心什麼對自己才是有意義的。

我們愈來愈需要能夠去看、去閱讀、去同理、去質疑、去調整路線，以適應這個過渡的職場世界。專家告訴我們，我們之中的一些人會活超過一百歲，也許當中很多是我們的孩子。[8] 如果你知道這對你來說是真的，會有什麼不一樣？

長遠來看的問題

· 如果你知道你可能順利工作到七十歲，甚至八十歲，情況會有什麼不一樣？

· 假設你現在做的工作到時候還存在，你是否想要做相同的工作直到那個時候？

· 如果不是，哪一類的工作可能會適合你的晚年？

· 如果你知道你目前的工作會有一段黃金時期，然後會過氣，被另一項工作取代，情況會有什麼不同？

· 你對你目前的角色是否會採取不同的觀點？

· 你可能會想要探索什麼技能或訓練？

· 你是否會給你的創作想法或副業更多的關注？

· 你還想培養其他什麼技能？

現在，再把這些問題問你自己一次，但是這一次，與其尋找符合邏輯的答案，告訴我：你的心說什麼？

你的心說什麼？

記住，你的心對美的反應，是侘寂的精髓。所以，你可以用你的生涯創造什麼樣的美？

問些能激發想像的答案

當我們問孩子：「你長大以後要做什麼？」我們通常是試著播下夢想的種子。然而，有時我們接下來卻是用粉碎夢想而且可能導致長期傷害的方式來回應。「當藝術家？噢，不，親愛的，你不會想當藝術家的。當藝術家沒辦法賺錢。」或者，孩子最後將他們的夢想附加在某個他們認為會讓我們驕傲的工作，很多時候是他們看我們做的同一種工作。這是他們知道的，或者他們以為我們想要他們做的，或者我們不斷告訴他們，我們認為他們**應該**要做的。

但是，若他們沒辦法做到那個工作會怎樣呢？或者，如果他們做了，卻不喜歡它，或是不想離開這個工作，因為他們覺得那樣會讓我們失望？或者，他們被困在為頭銜、地位、客戶、薪水、認同而焦頭爛額的循環之中，等到他們有一天覺悟了，已經人至中年、心力交瘁，懷疑他們過去二十年發生了什麼事。我很確定我們沒有一個人希望這種情況發生在我們的孩子身上，或者，確實也不希望發生在我們自己身上。

這一切是在我的社群中反覆發生的真人真事。很多人來尋求我們的支持，想知道如何才能做他們喜愛的事，因為他們再也不能忍受他們正在從事的工作，但不知道如何改變，或者想出他們還能做什麼。好消息是，

他們完全不知道可能性有多麼地大。

最近一項根據一萬份來自亞洲、英國與美國的樣本，針對未來工作的國際性報告指出：「我們正在經歷一項工作方式的根本性蛻變。自動化與『思考機器』正取代人們的工作與職業，而且正在改變組織尋找人力時所需要的技術。」[9]

正如同一份報告裡，策略與領袖培養的全球領導者布萊爾‧舍帕德（Blair Sheppard）在資誠聯合會計師事務所（PwC）說的：「所以，我們應該跟我們的孩子說什麼？要保持領先，你必須專注在你能不斷適應的能力，在過程中與其他人共同參與，而且最重要的，是保持你核心的認同感與價值感。」[10]

我們所能詢問，借以引發不同生涯之旅的問題

- ‧什麼讓你覺得很有靈感？
- ‧什麼對你是重要的？
- ‧你想要創造什麼？
- ‧你想要改變什麼？
- ‧你想要體驗什麼？
- ‧你想要怎麼幫助他人？
- ‧你想在什麼樣的地方工作？
- ‧你想和什麼樣的人一起工作？
- ‧你想要過怎麼樣的日子？

・你想對你的工作有什麼感覺？

・你對你不一定成真的機會，會有什麼假設？

值得重複說的是：過生活的方法不是只有一種；沒有單一的生涯道路；沒有一種完美的方法去建立你的生涯。只有不斷地演變，而只有你能決定是否要用一種為你帶來喜悅的方式來進行。

驚夢

日本有一種特別的東西，總是讓我覺得任何事都是可能的。即使在我根本看不懂任何標示、幾乎不認識任何人、完全接不下一段對話的時候，我總是在空氣中感覺到某種東西，給我額外的強心劑……什麼樣的強心劑？我不太確定。但是那「某種東西」打開我的心，使我好奇，引領我到各式各樣我沒有想像過的經驗，從與任意的陌生人改變一生的相遇，到主持自己的電視節目。從某方面而言，那感覺像是一場驚夢。即使到現在，當我回日本時，經常還能感覺到。

我想要送給你一些，像是包在「風呂敷」（包袱布）裡的寶貝，[11] 在你的生涯道路上給你靈感與滋養。每當你的夢想似乎消失在你生命的邊緣，打開這個風呂敷，吸一口這個魔法。花一點時間將你的夢想帶進你的

視野，然後把自己帶回當下，感覺你的旅途下一步的路。問你自己，你此刻可以做些什麼來使你更接近夢想？你的心說什麼？

我們無法知道時間表。我們無法預測路徑。但是我們可以留意我們的腳步，偶爾暫停下來，領略周遭的美麗。

日日是好日。
——禪宗諺語[12]

* * *

§侘寂啟發的智慧：享受你的生涯之旅§

· 沒有一條完美的生涯路徑。

· 你的路徑也許包含許多不同的生涯，隨著你走過人生的循環，每一個工作都會支持你的優先順序。

· 你達到結果的方式，比你得到的結果更重要。

*

§試試看：探索你的道路§

首先，在一本筆記本上回答這些問題：

· 你曾經有過什麼工作或角色，不論是有薪資或沒有薪資的，讓你學到了東西？（列出清單。）它們各別教了你什麼？

· 你學過什麼，不論深淺程度，是讓你覺得有趣的？這絕對可以是任何你花時間深度學習的東西，不論是正式或非正式的。

· 你還有什麼其他重要的經歷？

· 在你的記憶中，有什麼特別感覺美的時刻？

接下來，在一跨頁紙上畫一條水平線，再畫上垂直線標示每十年的間隔（或者，如果你不到三十歲，可以五年為間隔）。看看你對上列問題的答案，標示出你至今為止，人生中最重要的經歷。標示出任何你有個「原來如此」頓悟那一刻的時間點。

現在，在彼此關聯的事件上連出線條。什麼事件必須先發生，後來某件事才會發生？你看到了什麼主題？

現在，根據你眼前的訊息，回答這些問題：

· 一路影響你的生涯決定的，最重要的是什麼？

· 在你至今的生涯道路上，你特別感謝誰，或什麼事？

· 你現在需要什麼？

· 不論是深化你已經在做的，或是移動到新的方向，什麼是你帶著企圖和信心要走下一階段時，現在可以做的一件事？

第八章

活在當下：

珍惜此刻

黑夜降臨，我有點晚到。我抓著一瓶我其實不太買得起的酒，兩眼睜大大地盯著眼前的神社大門。我真的到這裡了。我捏了自己一下，進了大門，然後左轉到一間大大的老房子，這幢房子就取神社名為「天滿宮」。低聲的細語流蕩在空中，夾雜著上百隻青蛙和緩的嘓嘓叫聲。我想到群聚的賓客，幾乎想轉身離開。當年我十九歲，想到滿屋子的日本學者、語言學家、藝術買賣家和其他在任何領域都比我有知識的人，就退縮起來。何況我一個人都不認識。

　　然而，這時候我想起是什麼把我帶來這裡。《消逝的日本》（*Lost Japan*）這本由這幢房子的主人撰寫的精采好書，如何激勵我通過高中考試，只要我能進入大學，就會有一段神祕歷險。每次我掙扎著寫不出另一篇文章，我是如何拾起這本書，閱讀幾頁，便文思泉湧，可以再多寫一小時。抵達京都時，我寫了一張短箋謝謝這位作者艾力克斯‧柯爾（Alex Kerr），他長住日本，現在是日本最知名的文化觀察家之一。令我驚訝的是，我從他的助理那裡收到了回信，邀請我到他家中舉行的派對，也就是我在《消逝的日本》裡讀到的迷人地點之一。

　　這幢房子和這群人完全不令人失望。整個晚上，我花大部分的時間留意引人入勝的對話，關於東亞歷史、政治、古董，以及其他所有我覺得自己不夠格討論

的事。但光是在那裡，在這幢百年老宅，身處於這一切當中，就很足夠了。有一度，我們被邀請到舊廚房的區域，現在被用來當寫字的書房。開放的屋頂椽子，這個空間裡的每樣東西似乎都變大了。一張巨幅的桑皮紙攤在長桌上，艾力克斯・柯爾手拿著一枝大毛筆，正在寫書法，是我少數見過最美麗的書法。

時間慢下來了。音量變柔和了。人們似乎凝固在位置上，臉上掛著笑容，燭光將影子投射在房間各處。我想，這一刻是特別的；為了保險起見，把它收進你的寶貝袋。

幾十年過去，那天的許多細節都模糊了，但那一刻，我選擇珍藏的那一刻，依然清晰如昨。

真正的那一種完美

我要告訴你一個祕密。「完美」其實是我喜歡的詞語之一。我一天到晚用這個詞，但只有在有上下文情境的時刻裡。我相信這是完美唯一真實的場合。最細小的時間片斷能在暫時的靜止中停留、閃爍。之後，它就消失了。在一個不完美世界中的一個完美片刻。

在艾力克斯・柯爾位在天滿宮的工作室那一刻是完美的。當我坐在醫院的病床上眺望大海，在太陽升起時

懷裡抱著我剛出生的寶貝嬰兒，知道這第二個孩子將是我最後一個孩子，那一刻是完美的。今天早上當我和一隻從窗外望著我的寫字桌的麻雀默默交換一個眼神，那一刻是完美的。

在一個不斷變動的世界裡，像這樣的時刻感覺起來，彷彿是時間本身正向我們眨眼。在那一瞬間，我們發現自己完全沉浸在那個經驗之中，不受過去或未來的干擾，而同時也明白那一刻本身並不會持久。在文學裡，有時候這被稱作「俳句時刻」（a haiku moment），這個術語捕捉了看見如此細膩經驗的詩意之美。

這一類的珍寶能在日常生活中最細微之處找到，如果我們可以慢下來，活在當下，而且專注夠長的時間來發覺。當我體驗一個因其稍縱即逝而愈發細膩的自然之美，在這隻鳥飛走之前的那個心跳中，侘寂就在那裡。

美的呼喚

一位七十多歲的女士告訴我：「當我獨自在一個空間，仍

> 侘寂是細膩時刻的溫柔量表。

然可以感覺到幾分鐘前在這裡的人流連不去的安慰，這時候我能感覺到侘寂。」

是在機場入境大門開啟前，期待我們所愛的人歸

來。是冒著煙的營火旁流傳的一則故事。是對一個深吻的記憶，彷彿你仍在親吻中。

回首我們的生命時，我們記得這樣的時刻。當我們太匆忙，目光鎖定在未來的某個時刻，或者盯著我們的智慧型手機，或者因某個人的行蹤而分心，我們便錯過了停下來收集我們自己美的時刻、錯過感覺侘寂的機會。

我們知道，當我們身心安於當下時，生命可以多麼喜樂；然而，我們依然把我們的日子花在匆匆忙忙、心不在焉、精疲力竭、宅居斗室，或者追蹤某一種感覺不像我們的人生。當我們真正打開我們的心與眼，美會穿越混亂與嘈雜，向我們呼喚。它向我們顯示我們生命稍縱即逝的那個版本，我們的靈魂歡唱，因為我們駕馭我們的天賦，留心我們的想法，滋養我們的愛，並且真正地認真生活。

有時我們感覺到這一點，但撇過頭去，因為它看起來不像我們期待它看起來的樣子。它不是我們被教導去渴望的光鮮亮麗、前衛時尚的生活：完美的房子、車子、伴侶、家庭等等。然而，當我們真的身心安於當下，真正傾聽美的呼喚，我們就能發現該屬於我們的人生。我們完美的不完美人生。

美靜靜地呼喚。我們必須留意它的訊號，然後扮演我們的角色。創造的衝動、鄉間生活的吸引、對於深刻

友誼的渴望——不論是什麼向你召喚接近某一種美，注意那個召喚，因為那本身即是生命之美。

活得久，活得好

根據聯合國開發計畫署的資料，日本是全世界平均壽命最長的國家，[1] 2017年有67,824位百歲人瑞。[2] 在日本境內，長野縣的偏鄉松川村是全國平均壽命最長的地方。[3]

當這個訊息由日本厚生勞動省發布時，松川村的村長平林明人在一次訪問中說：

> 我聽到這個消息時，又驚又喜。不是我們做了什麼特別的事才獲得這個榮耀。我們有幸擁有美麗的自然環境，許多人每天在田裡工作，我們吃我們自己種植的植物。我們也有濃厚的社區意識，我相信所有這些都是原因。[4]

我的一位朋友為一個電視節目去拜訪松川村，採訪這個主題，他說：「我看到很多當地人在外面走路，一起在公園裡運動，或一起游泳。他們也有很多的烹飪課，大體來說，這個鎮上有一股正面的氣息。」當地政府進一步調查，發現這裡的人長壽的三大原因：高水準

的公共衛生、高水平的健康意識且參與有益健康的活動，最後加上有意義的生活，對工作和參與社交活動具有高度動機。[5]

這不只是關於活得久。這也是關於活得好。而侘寂是幸福的晴雨表。

一位年輕的店員永田步美告訴我：

> 我們太忙時，不再感覺到侘寂，我們就知道我們走偏了。它提醒我們慢下來、深呼吸，花時間尋找美。無法感覺侘寂時，我們不是心煩意亂，就是處在壓力下，不然就是沒有好好照料自己。

當我們回首人生，我們想要記住什麼？我們想要感覺什麼？我們想要貢獻什麼？什麼會讓我們的人生有意義？我們一生中想要體驗多少美的時光？

而且不要忘記，每一個動作裡都有美。我們愈允許自己去感覺，我們就愈靠近極美的生命感與敬畏感，即使身處在充滿挑戰的混沌之中。

記住，侘寂最基本的教訓是，我們都是不恆久的，就像我們所愛的每一個人，以及我們周遭世界上的每樣東西。我們不會永遠活著，甚至不會活很久。生命是珍貴且稍縱即逝的。端看我們能否將每一個階段做最佳的

利用，從此時此刻開始。

長者的啟示

我喜歡和年長者談話，聽古早的故事，以及他們對現今世界的看法。因此，一整個下午和蟹江美根代在她位於名古屋的家中聊天，真的是很愉快的一件事；蟹江美根代是已往生的金婆婆的女兒，今年已九十四歲。金婆婆和她的雙胞胎妹妹銀婆婆是目前所知全世界最長壽的雙胞胎，分別於高齡一○八歲和一○七歲過世。她們充滿活力和趣味，經常出現在電視上，成為日本全國皆知的名人。我想知道蟹江女士從她的母親和阿姨身上學到什麼關於健康長壽的知識。我也很有興趣聽一個在統計學上本身很可能長壽的人怎麼說。

蟹江女士跪坐在她鋪了榻榻米的起居室的墊子上，散發一股平和之氣。你會感覺她已經看遍世間百態。當她在這間房子出生時，從她家裡望出去，極目所見都是稻田。如今則是名古屋市繁忙的住宅區。

桌上放了綠茶和藍莓點心，我們聊教養、政治、社會和友誼。我們談笑風生。她展顏的笑聲很有感染力。有一度蟹江女士若有所思地望向遠方，然後說：「妳知道嗎？變老沒有問題，但當妳幾乎沒有一個朋友還在世

的時候，真的很難過。」

我們見面的時候，正是日本女兒節前夕，這時傳統上人們會展示一組穿著平安時期（794-1185）傳統服飾的天皇、皇后、宮女與隨從、樂隊的人形娃娃。在蟹江女士家展示的則是兩個穿著像金婆婆與銀婆婆的人形娃娃，那是多年前一位金銀婆婆迷所贈送的禮物。像日本女兒節這樣的場合，標示著時間的流逝，類似季節，提醒人們與親人相聚，讚美生命。

除了尊重傳統，蟹江女士也相信簡單的每日例行工作、從事日常例行事務維持活力，對她的生活有益。她從零開始準備自己的餐點，總是選用自然食材，通常是她自己種的食物。蟹江女士能量飽滿，定期騎一段腳踏車的路程去親人的墳墓祭拜，而且每天照顧她的花園。有一個務實的做法是，她用一個小盤子盛餐點，在她覺得飽之前就不再吃了。在日本，他們稱為「腹八分」（八分飽），當你覺得你的胃已經八成飽的時候，就把筷子放下來。

蟹江女士告訴我：「過一個美好的人生，我們需要的不多。當你感謝你所擁有的，並且和你所愛的人分享，你所需要的其他東西就會自然來到。」她對簡單生活這項禮物的深深感謝，即是侘寂的具體化。她繼續說：「不要浪費精力擔心你沒有的東西。那是通往痛苦的道路。相反地，留意已經在你生命中的美好，將你正

在做的事情做到最好。在這之中就有滿足的喜悅。」

也許，蟹江女士最重要的忠告是：

> **保持快樂。不要那麼擔心其實沒那麼重要的事。**

思考你自己的長壽

在第七章裡，我們思考如果你活到一百歲，對你的生涯造成的可能影響；但是，如果實際上你活到的歲數比你預期的少很多，那又會怎樣呢？讓我們再看一下不同的情境：

· 如果你知道你只能再活十年，或者只能再活一年，你對你目前的工作、長期的財務與優先順序的看法，會有什麼不一樣？
· 你臨終時的自我可能會對你現在生活的方式有什麼想法？
· 你臨終時的自我可能會給現在的你什麼建議？

想像某一件我們無法知道的事 —— 我們會活多久 —— 的不同可能性，可能是一種很有啟發性的工具，

去發現什麼對我們是真正重要的，並且依此重新安排優先順序。它能幫助我們重新思考我們的生命中什麼是真正緊急的，揭露有多少我們認為緊急的事，其實並不急。它能啟迪我們對此刻做最好的利用，離開日常的喧囂，做深呼吸，並且全然地吸收。

機場的啟示

我正在機場，等著飛往東京的班機，兩隻手上各拿著一瓶昂貴的臉霜。我正在這兩瓶中間選一瓶，因為如果我買一瓶，可以獲得某件免費贈品。這時，我突然明白：它來了。我把自己困在被光鮮亮麗的事物迷惑的行為當中，被更細緻的肌膚、更少的皺紋的廣告詞吸引，而我正在等班機飛往日本，研究不完美之美的概念。想到這個諷刺，我大笑了一下，便把這兩瓶臉霜放回架上，為自己省下 40 英磅。

我願意花錢在「抗老」的臉霜上，顯示我對自己身體自然老化過程的抗拒。而我並不孤單。抗老的美容產業每年在全球的銷售額達 3,000 億美元。[6] 這是全球花在抵抗與治療瘧疾的經費的一百倍。[7]

我們如此執著於努力保持我們的青春，卻忘了尋找我們自己的「寂」之美。

歲月之美

那是一個嚴寒的十二月早晨，我早起和我的老朋友鄧肯・弗列特（Duncan Flett）吃早餐，他已經在京都住了快二十年。鄧肯是一位學識豐富的導遊，對這座古老城市的脈動瞭若指掌。他推薦我們在一個只於尖峰時段營業的喜心餐廳見面，當時我們不知道，這間餐廳不久後會被冠上「全日本最佳早餐」的頭銜。[8]「喜心」意指「愉悅的心」，而你能看得出來，我們早餐的每一個部分都是由幾位真正熱愛他們工作的廚師準備的。用餐中間，我們由年輕且廚藝精湛的岩城俊尚服務，我們盛了三次飯。第一碗是剛炊煮好的飯，米飯盛裝在一個手作的陶碗裡，粒粒飽滿彈牙，蒸氣四溢。不久，稍事休息後，又端上了第二碗飯。之後，早餐快結束時，我們的碗又被盛裝了鍋巴──從鍋底挖起的「些許珍貴的燒焦飯」。

每一個階段的飯都很美味。每一次都有其特點──第一碗的新鮮、第二碗的熟悉，以及第三碗的質地。其實我最愛的是鍋巴，米飯的最後一個階段，但是廚師只能先拿起前面的飯，才能拿到鍋巴。一次比一次美味。

我們傾向將變老的過程視為某種應該要避免的事，

甚至是應該要懼怕的事。但是有關侘寂的一切告訴我們，這是一件應該要擁抱的事——我們會隨著時間盛開與成熟；我們的性格會隨著年紀增長而發展，而且我們的智慧會深化；隨著我們經歷的每個經驗，我們會具備更多能力，貢獻給這個世界。

如果你想一想你真正崇拜的人，在這份名單中，很可能會包括某個年紀比你年長的人。然而，我們卻很難發現自己身上變老的價值。我們花費寶貴的時間和金錢試圖緊抓住表面上的青春，卻忽視了歲月痕跡之下的美麗與智慧。

京都春光院的副住職川上全龍告訴我：

「侘寂」提醒我們擁抱生命中的每一個階段，如此，我們便可以優雅地老去。

如果你仔細看侘寂的概念，你會看到衰老的過程。這與佛教「無常」的概念是相連的。我最近參加一個全球健康專家組成的專家小組，每個人都在討論如何將青春維持得更久，彷彿我們忘記變老是生命自然週期循環的一部分。我們害怕變老。我們害怕死亡。我們想要抓住青春與生命，愈久愈好。然而，侘寂教我們享受變老的過程，教我們放輕鬆，當它是最自然的一件事。變老

是沒問題的。我們本應變老。知道我們不會永遠存在於世界上是沒有問題的，因為那幫助我們珍惜我們擁有的時間，並在我們的生命中找到美德或意義。

佗寂鼓勵我們藉由接受我們在生命中的自然循環，選擇寧靜與滿足的道路。利用我在這本書裡分享的工具，我們可以遠離壓力和情緒波動，釋放喧鬧的惡性能量，由流動的滋養能量來取代。

人生階段之間的過渡時期可能是很艱難的，尤其如果我們不能面對或接受我們身體、心理與情緒上的變化。通常在重大過渡時期，會感覺事情更困難、更困惑，甚至更可怕，但是，也是在這些時候，我們可以看見巨大的成長和收獲。有時候，我們一直等到某件重大的事情發生，才把我們從一個人生階段踢到另一個階段，但我們不必如此。

如果我們對過渡與轉變抱持開放的心，而不是緊緊抱住一直以來的東西，我們就可以體驗進入下一個階段的偉大見解與流動，不論我們是否覺得已經準備妥當。如此一來，佗寂能提醒我們以正念生活，以平常心接受每一個階段，一路增長我們的智慧，並且照顧好自己的身心。

日本人用「節目」這兩個字——意思是「竹筒上的節」——來註記成長的每一個階段，並且用來描述生命

中重要的轉換時刻。這些轉換時刻往往以儀典來慶祝，或者以言語文字對支持某人走過那段生命特別階段的人表達感謝。我認為，這是以一種溫馨的方式來承認，從一個人生階段過渡到另一個人生階段，是一件值得一起慶賀的事。

當我們選擇以一種適合我們的步調生活，盡我們所能，並且接受那就是我們所需要做的一切，那麼，每件事感覺起來就會不一樣。人生每一個階段都是成長的時段。我們總是在學習中、在改變中，不論我們是否積極參與。在任何時候，不論事情一帆風順或是困難重重，我們可以問自己這類問題：

· 我可以在這裡學到什麼？
· 我現在得到什麼成長？
· 我的內在和外在，可以看見或感覺到什麼改
　變？
· 為了要移動到下一個人生階段，我需要放下
　什麼？
· 此刻我可以如何把自己照顧得更好？

我們的生命正在綻放時，回答這些問題能將我們的注意力帶回我們的生命經驗，並且幫助我們放鬆進入下一個階段。而當我們全然擁抱生命，不論當時是幾歲，

都正是我們散發內在美的時候。

在小事中發現喜悅

我因為準備這本書而拜訪的所有長者，無一例外地都談到在日常生活中發現美的重要性。只要慢下來尋找可以欣賞的東西，我們就能輕易做到這一點：澆花、烤蛋糕、看夕陽、數星星、讀一首詩、散個步、做某件事。即使是家事都可以是一段靜思冥想，如果我們選擇讓它們如此。

我們可以創造儀式，把我們帶到當下。在我坐下來書寫之前，我熱了茶壺泡茶，對著我最愛的馬克杯，沉思哈姆雷特的名句：「對你自己真實。」這是我的寫作儀式。這提醒我自己，我正投資時間在某件我關心的事情上。而這讓茶喝起來更有滋味。

我們也可以對出乎意料的事抱持開放態度。我對於在日本旅行的記憶，點綴著許多陌生人的友善：我去岡山田間騎腳踏車時，一位老婦人把我攔下來，給我一顆剛採收的新鮮西瓜，這顆西瓜很大，剛好可以裝進我的籃子裡；為我安排森林浴課程的公務員，犧牲了自己週六早上的休息時間，開車載我到林區；我迷路的次數不知凡幾，而人們總是一路陪我到達我的目的地。每一次的偶遇都帶來喜悅，而每次我都嘗試將它傳給下一個

人，當你能幫助另外一個人
時，又會帶來另一種喜悅。

小小的片刻很重要。

完美的不完美計畫

接受一切都是不完美、不恆常、不完整，並不是一
個可以不小心謹慎、不做任何計畫的藉口。對我來說，
正好相反。聰明地規畫時間表能幫助我們將真正重要的
事優先排序，在我們的生命中製造更多空間來體驗美，
並且確保我們將我們的生命做最佳的利用。

如何計畫較完美的時刻

一段美好的生命是一支在夢想與現實之間不間斷的
舞蹈。在這裡，重要的不是執著於完美的計畫。你無法
知道轉角處有什麼在等你，所以，當情況有變化時，過
渡計畫只會導致不必要的壓力。這裡要做的，是下幾個
重要的決定，如此一來，你不致於因為別人突如其來的
念頭而浪費你的一天。

【A部分：大腦儲存】
你需要：便利貼、幾張大張的紙和一枝筆。

1. 把所有你目前正在使用、提醒你做事的筆記／日誌／清單／字條／便條集中起來。

2. 在幾張大張紙上的標頭寫下你人生中的各個重要領域：家庭、工作、嗜好、健康、朋友、財務、房屋等。

3. 輪流檢視所有待辦清單／便條／日誌／筆記，在一張便利貼上寫下一個你需要「待辦」的事項，然後把它貼在最相關領域的大張紙下。重複這個動作，在你的每一個待辦清單／便條的條目，寫下每一項任務你所需要花費的時間和注意力。這項工作可能要花一些時間。

4. 完成的時候，記下你人生中的哪一個領域有最多的「待辦」事項。這告訴你什麼？這會讓你驚訝嗎？

【B部分：可能性】

現在，想像你五年後的人生，想像當時你覺得滿足而且精神奕奕。（我們無法知道任何夢想的時間表，但這項練習可以幫助你做出重要決定，往這條路的方向走。）利用下面的提示寫下筆記：

・你現在幾歲？

・你住在哪裡？

・你在做什麼？

・你每一天期待什麼？

・當事情進展得非常順利，你覺得怎樣？

・你感謝什麼？

【C部分：改變】

為了要讓夢想成為一項可能，改變是不可免的。利用下面的問題確認可能包括哪些改變：

・為了那個夢想能在幾年後即使只有一點的可能性成真，明年的此時需要有什麼不一樣？

・你想要怎麼描述一年後的自己？

・你想要怎麼描述一年後你的家？

・你想要怎麼描述一年後你的工作生活？

・你想要怎麼描述一年後你的財務狀況？

・你想要在一年後創造出什麼？

【D部分：優先順序】

在我的經驗裡，為了在精神上簡化你的時間表，你可以做的唯一最重要的改變，是用計畫的思維，而不是任務的思維。計畫會有明確的開始和結束。例如「生涯轉換計畫」、「寫一本我的書計畫」，或者「婚禮計

畫」。這是一種專注於某件對你真正重要的事的方法。選至多五個你在未來十二個月裡想要在你的人生中進行的計畫。你不必同時展開全部的計畫，而且這些計畫可以散布在十二個月裡。

【E部分：重新排列】

現在，拿五張新的紙，將你的每一個計畫寫在標頭。回去拿你的便利貼，將它們重新分配到你的計畫紙。你可能會很驚訝有多少便條貼沒有被分配到，這可以看出你花了多少精力在與你想要的生活無關的事情上。

【F部分：新的規畫方式】

擬一個計畫去完成、指定或忘掉每一個不符合你的主要計畫的待辦事項。對於進行中的家務與其他像這樣的責任，最好把它們集結起來，然後一次把它們做完。例如在我們家，所有家庭財務問題是每個月處理兩次。

然後重新檢視你的每週行事曆，確保你花費足夠的時間在對你真正重要的事情上。與其嘗試將你的夢想去頭去尾，先安排你的計畫，再隨之安排其他的事。[9]

財務問題的心靈簡約

　　每當我們擔心金錢問題、浪費力氣悔恨某樣我們買不起的東西，或者後悔買了某樣我們其實不是很需要的東西，我們都將自己拉離了此時此刻。焦慮和煩躁會打擊我們感覺侘寂、體驗美的能力。它也許看似並無關聯，但是在某種程度上，計畫和金錢管理可以對於我們人生的參與度，以及後續如何善用生命，造成很大的影響。

　　我第一年在日本時，是住在一個寄宿家庭裡。我的寄宿媽媽──我稱她「Okāsan」（即「媽媽」之意）──教我關於管理家庭財務的每件事。她兼職為超市做比價的工作，那時候還沒有比價科技和生活用品線上購物。她把這項知識應用在她的家庭管理上，而且有一本整潔的「家計簿」（家庭開支日誌），裡面都是數字欄。她對家裡進帳和出帳的每一塊錢，都非常清楚。在日本，家計簿已經流行幾乎一個世紀了。最近很受歡迎的app「Zaim」是由一位名為閑歲孝子的女子在她通勤途中開發出來的，目前有超過七百萬用戶。

　　我經常看見住宿媽媽在廚房餐桌邊，用一隻手餵狗吃竹輪（一種加工的魚漿食物），另一隻手翻閱報紙，尋找打折優惠卷。她每次採買都不超過一個籃子，總是等到那一天快過了才去買，以便買到便宜貨。

那時，身為一個遠離家鄉半個地球的異鄉學子，我的生活預算非常有限。我的住宿和伙食已由家人支付，但是其他的花費要靠自己。每個月初，我會買一疊公車票以備下雨天不能騎腳踏車去上學時使用，也會留下一些探索基金，然後去銀行換一疊 100 元日幣。我會把它們四個一疊，用膠帶黏起來，一疊是一頓午餐費。在當地的咖啡店，一杯咖啡差不多就要日幣 250 元，所以日幣 400 元對午餐預算而言，並不算多。它可以吃一碗飯配一碗湯，或者在我們教室對面的商店買一袋葡萄乾麵包。有時候我會犧牲午餐，去買一枝新筆或一些可愛的貼紙，日本文具是我的一項邪惡娛樂，這個嗜好一直維持到今天。

　　我從我的日本媽媽那裡學到的，是對財務清楚、優先順序與執行的重要。記錄我的收入與支出的家計簿，幫助我了解我有多少錢可以運用。我也記下我的存款，如此我總是清楚我的處境。我將重要的事擺在前面（上學、探索、午餐／文具，大多是依這個順序）。然後，我讓它變成一個習慣，每個星期確認。這是我從那個時候開始一直都有的習慣，至今我仍會記錄我自己版本的家計簿。

自覺地花錢。
自覺地存錢。
自覺地生活。

整理財務

想用心靈簡約的方式整理你的財務，先問自己以下的問題：[*]

【清楚】

· 實際的收入是什麼？

· 實際的支出是什麼？它們花費到哪裡去了？

· 你的淨資產是什麼？（用最廣義的說法，這是扣除你欠的每一樣東西後，每一樣你所擁有的適合銷售的有價品，包括存款與投資。）如果你正有一段長期的關係，你分擔的角色是什麼？

· 你是否有任何基於一種不可及的「完美人生」願景而花費之處，而你不再覺得有需要追逐？

· 你對於自己發現的事覺得如何？

不論你發現了什麼，記往，你就是在你現在的位

---

[*] 這些問題的目的是給你一個對你的財務的新觀點。如果有需要，請尋求專業債務諮詢或財務顧問的支援。

置。利用第二章中關於自我接納的工具，回應任何你長期以來的支出習慣所產生的悔恨或焦慮。重要的是你接下來該怎麼做。

【優先順序】

- 你真正重視的是什麼？
- 你積極優先安排的支出方式是什麼？符合你的價值嗎？如果不是，你需要改變什麼？
- 你在哪裡支出了你並不真的很在意的事？是什麼阻礙你完全戒斷這筆花費？
- 你要如何更妥善利用你的金錢，將它作為投資你現在與未來的幸福與快樂之工具？

【練習】

- 你需要做什麼改變，讓這種情況發生？
- 你要如何讓這些改變成為你每天、每星期或每個月的例行公事，讓自覺的花費與存錢成為一種習慣？

當你對你的財務狀況真正清楚，並且根據對你與家人真正重要的事來做財務決定與計畫，你就能降低或排除三種主要的壓力來源：

· 未來後悔你買了不需要的東西。

· 未來悔恨你不能買某些東西，因為你之前買
  了你不需要的東西。

· 擔心你未來將如何負擔支持你自己和家人的
  責任。

這讓你有空間開創你自己完美的不完美人生，並且
讓你從此時此刻，自由尋找幸福。

* * *

§佗寂啟發的智慧：珍惜此刻§

· 擁抱每一個人生階段，能讓你優雅地老去。

· 你不會永遠在此地。你所愛的人也不會。用
  力珍惜彼此以及每一天。

· 唯一真正的完美，只有在稍縱即逝的美的時
  刻。珍惜每一個這樣的時刻。

*

§ 試試看：留意所有的東西 §

一千年前，在日本女詩人清少納言著名的《枕草子》中，她寫了許多優美的「……的事」（例如：「不徘徊流連的事」），作為一種留意她周遭世界，並且珍惜寶貴時刻的方式。受到這個啟發，利用下面的提示，或者自行列出你自己的提示，寫下你的清單或詩：

· 只有當我閉上眼睛才留意到的事物
· 我想要存放在我的寶貝袋裡的事物
· 讓我的心開展的事物

後記

盡量嘗試

AFTERWORD: TYING IT ALL TOGETHER

現在是三月初，我坐在京都哲學之道一間咖啡館的外面。我一隻手上拿著咖啡，一條毯子鋪在我的膝蓋上。不知何處傳來一串風鈴噹噹作響，水道邊樹枝上幾片殘存的綠葉顫抖著。幾個星期後，櫻花就要盛開，這條小路將擠滿遊人。但現在，這裡由我獨享。

　　我正在思考我幾分鐘前與平岩女士的對話，她在這裡一間家具精品店「銀意匠」工作，這是由名古屋的建築公司「木曾建築設計公司」（KisoArtech）所經營的。店裡的牆壁斑駁，一小批商品是由當地木材手工磨製的，色澤極暗且深沉，我問她，為什麼她的顧客可能在她的店裡感覺到侘寂的氛圍？她的答案與那些東西都無關。

　　她說：「我認為這是因為我們住在一個親密體驗季節變換的地方，店的位置就在水道邊，內外的界限很模糊，讓人感覺我們是這裡自然的一部分。」

　　我可能已經來過京都這個地方超過五十次了，第一次還是青少年的時候，每星期去附近田中太太家上插花課，最近是和 K 先生在夏日夜晚去看螢火蟲。還是一個身無分文的學子時，我曾經在冬夜獨自一人走在路上，用力地想怎麼將我窮酸的預算撐到月底。另一次是在秋天，有茶，有蛋糕。而現在我又在這裡了，在季節交替之際，回想我們走了多遠的路，以及我們為尋找侘寂的真諦所學到的一切。

從一開始原本是探索美的奧祕，後來變得如此精采豐富。它變成一種體驗世界的全新方法，不是以邏輯的大腦，而是以感覺的心，而且是用我們所有的感官。侘寂向我們示現，細膩的瞬間、短暫的美可以如何提醒我們生命本身的珍貴。

一隻手中的一只小碗，

涵蓋整個宇宙大千。[1]

——樂吉左衛門，日本樂燒第十五代傳人

對我來說，侘寂最大的啟示，是觀點的移轉。透過侘寂的鏡頭觀看世界，能將世界轉化成一個更美、更溫柔、更寬容的地方，充滿了可能性與喜悅。

在這本書的前面，我說：「侘寂有點像是愛。」我在這一路上發現到的是，其實，侘寂非常像是愛。它與有愛的欣賞類似——對美、對大自然、對我們自己、對彼此，以及對生命本身。

我希望你已經看出侘寂對我們步調快速、消費驅動的世界，可以如何作為一種清新的解藥，也希望它已經鼓勵你慢下來、與大自然連結，並且對自己溫柔一點。我希望你已經受到鼓舞去簡化一切、專注於真正重要的事，在你所處之地找到快樂。

當我們就要一起結束這趟旅程，我有最後一個紀念品要送給你。伸出你的雙手，想像你的這份禮物。這是一個御守，一個在你接下來的旅途上保佑你安全的護身符。它的正面繡著一個「幸」字，代表幸福。[2] 它的背後寫著一段溫柔的提醒：

你是不完美的完美，正如你原本的樣子。

謝辭

ACKNOWLEDGEMENTS

　　實際上來說，這本書的輪子是在倫敦一間拉麵店熱氣蒸騰的碗麵上裝上去的，當時和我一起用餐的是我 Hardman & Swainson 冰雪聰明的經紀人 Caroline Hardman。我一輩子感謝 Caroline 對這項計畫不眠不休的熱情，以及她的同事 Thérèse Coen 將這本書以多種不同的語言，引介給全世界的人。能夠將我對所有日本的愛與如此多人分享，絕對是種榮耀，而我希望這本書能鼓舞你親自拜訪日本。

　　我對我傑出的編輯 Anna Steadman 深深一鞠躬，也深深感謝 Jillian Stewart、Anne Newman、Beth Wright、Aimee Kitson、Bekki Guyatt，以及其他所有在 Piatkus 與 Little, Brown 出版社出色的團隊成員，一起促成這本書的誕生且是以如此美麗的面貌出現在這個世界，讓我做我喜愛且稱之為工作的事。而我也要特別感謝我的朋友中田英壽為這本書所寫的美麗的序。

　　事實上，我已經在我過去最黃金的二十年裡，在心中帶著這本書，因此，我深深感激我在日本的朋友與寄宿家庭（伊藤家、足立家以及Hilary Frank），以及我在杜倫大學、巴斯大學以及京都文化日本語學校飽受荼毒的老師們，還有許許多多一路向我展現善意的陌生人。

　　我虧欠Naomi Cross博士、西澤芳織、玉木弘子與濱名‧布魯斯等人非常多，感謝他們協助確認日文、文化典故、史實，以及面對我無止境的問題時，不可思議的

耐心。任何漏網之魚的錯誤，完全是我的責任。

這段旅程是一段尋寶之旅。每一段對話都有一條線索。即興的評論導引到某幾本書、詩，或地點。一位朋友介紹的「你一定要見的人」會導引到出乎意料的深刻見解，而且還有更多的引介。這趟旅程出發時相當令人忐忑，真的不知道會帶我到哪裡，但總算皇天不負苦心人。

在歷史書、文化沙龍、神社、寺院與森林之外，我在人們的心中發現侘寂的真諦，他們向我展現——而不是向我口說——它可以教導我們什麼。我要特別感謝：松山愛、日置敦、永田步美、細谷千賀子、真田大輔、鄧肯‧弗列特、田山弘子、長島浩、平井‧特西多爾‧泉、杉本勝馬、高修莎、五十嵐憲、宮崎久美子、三浦恭示、足立京子、三浦路易、西山麻衣、哈斯汀‧真起子、星野大師、馬修‧克勞德爾、足立道幸、藤田美奈、蟹江美根代、Nele Duprix、藤田典史、原紀子、Pia Jane Bijkerk、Peter Cheyne教授、田山令史、月見冴子、莎拉‧卡巴瑞提、真田清香、馬淵聖子、榮節子、重行與弘子、清水先生、前田庄司、法蘭克‧正二郎、春山修一、副住職川上全龍、奧野隆、小田島孝之、松崎照明博士、清水哲夫、櫻木‧緹娜、松場登美、岩城俊尚、片岡渡、栗栖洋子、蟹江好直、伊藤由香子、關根由美子與田中由美子。

我也很感謝英國（牛津大學）博德利圖書館附屬日本研究圖書館、（倫敦大學）亞非學院圖書館（SOAS Library）與美國（華盛頓）史密森尼學會、日本樂美術館、高島市農林水產部，以及名古屋市高齡福祉部超級幫忙的同仁。

感謝春光院、光之館、japan-experience.com、Mettricks 和 Arvon Foundation 親切的工作人員，讓我有寫作的棲所。特別感謝 Emily、Jayne 和 Marilyn 在燒柴爐邊細讀我的初稿。

我要大大地感謝 Lilla Rogers、Rachael Taylor 與 Kelly Rae Roberts——是我夢寐以求最慷慨大方、最支持我的商業夥伴。還有我們的團隊，少了他們，我就不會有時間寫作：Jitna Bhagani、Louise Gale、Vic Dickenson、Holly Wells、Kelly Crossley、Simon Brown、Rachael Hibbert、Mark Burgess、Liam Frost、Fiona Duffy、Rachel Kempton、Nichole Poinski。我也要向 Jonathan Fields 與 Martin Shaw 深深鞠躬，感謝他們的啟發與指導。

我也要感謝在我美好的 www.dowhatyouloveforlife.com 社群裡成千上萬的人，以及我們會員俱樂部 www.helloshoulhellobusiness.com 裡所有女性企業家，從我們大約十年前成立這家公司，就經常分享彼此的故事、挑戰與值得慶賀的事。妳們挺身而出、打開心胸、信任這趟旅行，我深深向妳們致敬。

我對我的父母從來只有感激不盡，感謝他們支持我多年前學日文的瘋狂念頭（以及我不斷冒出的瘋狂念頭）。我也很感謝我的公婆慷慨的幫忙，讓我在孩子不滿五歲時，有餘裕能夠寫出兩本書。「お疲れ様でした」（音「Otsukaresama deshita」，意為「麻煩您們了」）。

而最重要的是感謝 K 先生，謝謝他學日語，如此可以和我的朋友說話；謝謝你當我最朝思暮想的人生伴侶。我絕對不可能遇到其他任何一個如此心胸寬大的人，與你和兩個大方的孩子分享我的生命，是我最大的喜悅。感謝這兩個孩子：Sienna 和 Maia，我等不及與妳們分享我對日本之愛的那一天。

注釋

第一章　所謂的「侘寂」：侘寂的起源、特徵與現今的意義

1. 在2018年版的日本權威詞典《廣辭苑》裡，沒有「侘寂」的單獨條目。

2. 我們所知的日文書寫體漢字，其實是起源於中國。現今日本使用的1,850個標準漢字，幾乎每一個字都至少有兩種不同的讀音，一種是衍生自原始的中文（音讀），另一種是日本當地的念法（訓讀）。有些字的音讀或訓讀的念法也不止一種。當兩個漢字被連用而創造一個字，通常會用「以邊讀邊」的念法。相當令人混淆的是，我們的中心概念「侘寂」是一個例外，可以寫成「侘寂」，也可以寫成「侘び寂び」。如果你對漢字的驚奇世界感興趣，我高度推薦 *The Modern Reader's Japanese-English Character Dictionary* 或者 *NTC's New Japanese-English*

Character Dictionary。

3. 村田珠光的姓氏是村田，但他為人所知的名字通常是「珠光」。這種情形在歷史人物上經常發生。

4. Okakura, *The Book of Tea*, p.3.

5. 長次郎最早製作樂燒茶碗時，名不見經傳，之後在16世紀末期建立了樂家族，後來成為獨特的樂燒陶藝傳統保存者。現在的陶藝師樂吉左衛門是第十五代傳人。每一代製作的茶碗可以在京都的樂美術館裡看到（請見 https://www.raku-yaki.or.jp/）。

6. Nelson (ed.), *The Modern Reader's Japanese-English Character Dictionary*, p.141.

7. 偶爾，「詫びる」這個「侘びる」的同音詞，意思是「道歉」，會在討論「侘」的精神時被提到，雖然從已知的來源裡很難去確認其詞源學上的連結。

8. 根據日本權威詞典《廣辭苑》，「侘びしい」意謂「失去元氣的感覺」，或者是「感覺焦慮或傷心」，但是日本人通常用「侘びしい」指「憔悴的」、「孤獨的」或「貧苦的」之意。

9. 要深入了解「侘」的美學觀點，我推薦收錄在休謨（Hume）主編的《日本美學與文化》（*Japanese Aesthetics and Culture*）第275頁，芳賀幸四然所寫的論文〈歷代的侘美學〉（The Wabi Aesthetic Through the Ages）。

10. McKinney（譯本）, *Essays in Idleness and Hōjōki*, p.87.

11. Nelson (ed.), *The Modern Reader's Japanese English Character Dictionary*, p.323. 在「寂」這個字裡，其訓讀的念法

為「sabi」，而其音讀的念法為「jaku」（意為「平靜」），如你之後會在第六章所見。至於日文中訓讀與音讀的意義，請見注2。

12. Nelson (ed.), *The Modern Reader's Japanese-English Character Dictionary*, p.323. 當「寂」念成「jaku」時，意思如「平靜」，如注11所述。

13. 同前注。

14. Tanizaki, *In Praise of Shadows*, p.19.

15. 松尾芭蕉的詩經常被引用，作為帶有「寂」風的文學之案例，他過著「侘人」的生活。雖然不是身無分文，芭蕉選擇在大自然裡長途遊走，身上只帶著能活下去的最基本必需品。這些旅程是他著名詩歌的靈感來源。

16. 森神逍遙，《侘び然び幽玄のこころ》，頁19。

17. Joyce, *A Portrait of the Artist as a Young Man*, p.231.

第二章　質素簡潔：簡化與美化

1. 資料來源：日本政府總務省統計局，www.stat.go.jp/english/data/handbook/c0117.html。

2. 同前注。

3. 根據東京都政府統計，2015年東京人口為13,491,000人，約占全國人口的11%。資料來源：https://www.metro.tokyo.lg.jp/chinese/index.html。（譯注：原書所列網址已被移除，此為東京都市政府新網址。）

4. 榻榻米是一種日本的地板材質，傳統上是用稻草做成，

通常用錦緞收邊。每一個榻榻米的長度是其寬度的兩倍。榻榻米在日本被用來當作房間大小的度量（而不是用公制的平方公尺或英尺）。一個榻榻米的區域被稱為一「疊」。而不只是房間內部——土地面積傳統上也用「坪」來算，一坪相當於兩個榻榻米的大小。在現代的日本，甚至居住在西式房子裡的日本人，至少也會留一間日式房間，稱為「和室」。

5. 日文中的漢字是採自中文方塊字，與平假名和片假名一併使用於日文的書寫系統中。

6. 你可以在下列網址找到真起子和她的作品：www.makikohastings.com。

7. 「舞妓」（maiko）意思是「跳舞的孩子」，指的是見習階段的「芸妓」（geiko，京都地區的「藝妓」[geisha]稱法，或寫成「芸子」）。「藝妓」是受高度傳統日本藝術訓練的女子，包括唱歌、跳舞和音樂，對許多外國人而言，她們是公認的日本象徵。「舞妓」通常穿著亮色、長袖的和服。她們隨身搭配的丸帶通常綁在她們的背上，並向下延伸。

8. 「丸帶」即搭配和服的飾帶。

9. 「萩燒」是一種源自於山口縣萩市的日本陶。

10. Yanagi, *The Unknown Craftsman*, p.148.

11. 最初，「渋い」（音「shibui」）意指「澀」，例如未成熟柿子的味道。經過多年，它增添了重要的美學意義，1960年，它被居家雜誌《House Beautiful》盛讚為「日本美學最高境界」（詳見Gordon [ed.] *House Beautiful*, August 1960, USA edition）。

12. 其他的重要美學原則包括「雅」（aiyabi，意為「高雅」）和「數寄」（suki，原意為「加點古怪、癖好或不正常」）。

13. 日本平安時期（794-1185）「見證全面的中國化與高雅宮廷文化的興盛」。資料來源：*The Kōdansha Bilingual Encyclopedia of Japan*, p.100。

14. 資料來源：'What is Beauty? Can you afford any of it?' by Elizabeth Gordon, in Gordon (ed.) *House Beautiful*, May 1958, USA edition。

15. 想認識更正式的日本美學分析，我推薦1998年由傑出日本學者唐納德‧基恩（Donald Keene）在《日本美學與文化》（*Japanese Aesthetics and Culture: A Reader*，由Nancy G. Hume編輯）一書中所寫的一篇文章：〈日本美學〉（Japanese aesthetics）。文章中提及日本詩人與散文家吉田兼好的《徒然草》，基恩選出了四個主題，指出日本美學品味在時間演化後的主要特徵。它們是：暗示、不規則、簡樸和易滅性。這些元素都包括在我為「你在家裡的心靈簡約」所做的建議，我提供的這五個主題包括了現代的設計概念，並且可以運用在任何家庭、任何地方。除此之外，已故哲學家久松真一在他1982年的著作《禪與藝術》（《禅と芸術》）中總結他的觀察，指出禪美學的七項特徵：不對稱、簡素、枯高、自然、幽玄、無執、寂靜。這些在日語中也有不同的版本，但最常被使用的字詞分別是：不均整、簡素、澀味、自然、幽玄、脫俗和靜寂。

16. 要更了解「fog linen work」，可以到其官網：foglinenwork.

com。

17. Kondō, *The Life- Changing Magic of Tidying*, p.49。

18. 根據建築師馬修．克勞德爾（Matthew Claudel）的說法，日文「間」超越了西方概念中實體的空間，進而意指兩者或更多持續存在物體之間的自然距離，兩者或更多連續發生的現象之間的自然暫停或間隔，以及在傳統日本建築裡由柱子或屏風分隔的空間。資料來源：Claudel, Ma: *Foundations for the Relationship of Space-Time in Japanese Architecture*, p.3。

19. 拉夫卡迪奧．赫恩（1850-1904），母親是希臘人，父親是愛爾蘭人，因為他歸化為日本人，人們也熟悉他的另一個名字——小泉八雲。小泉八雲是一位作家與翻譯家，最為人所知的是他將日本介紹給西方世界的書籍。

20. Hearn, *Japan: An Attempt at Interpretation*, 'Strangeness and Charm' chapter（無頁碼）。

第三章　喜愛自然：與自然共生

1. 資料來源：https://dictionary.cambridge.org/dictionary/english/nature. Retrieved 31 March 2018。

2. 日文寫的是「あるがままのさま」（音「arugamama no sama」）。資料來源：Shinmura (ed.), *Kōjien: Dai 5 han*, p.1174。

3. 這首是我從年輕時就記得的一首詩，但我一直無法找到這段翻譯的來源。若想進一步認識松尾芭蕉的詩，我極

力推薦唐納德‧基恩、上田真、小林一茶或珍‧瑞奇霍德（Jane Reichhold）的作品。

4. 原文來自Sei（trans. McKinney）, *The Pillow Book*, p.3。譯文採林文月譯本：https://www.zhihu.com/question/41656891。

5. 在日本，同一個名字可以用不同的漢字寫成不同的方式，就像英文裡同一個名字有不同的拼法，如Clare和Claire。資料來源： https://st.benesse.ne.jp/ninshin/name/2017。擷取於2018年3月30日。

6. 資料來源：www.jref.com/articles/japanese- family-names.31。擷取於2018年3月30日。

7. 在日本也有「雨季」，稱為「梅雨」，雖然這不算是一個正式的季節。梅雨可能在五月至七月之間，依所在地點而不同。

8. 「72 seasons」這個很棒的免費app依傳統日本曆法每五天更新某個時節關於自然、食物、傳統的訊息。www.kurashikata.com/72seasons。

9. Deal, *Handbook to Life in Medieval and Early Modern Japan*, p.43.

10. 在英文裡，這七十二個「候」的名字，每個有不同的翻譯版本。幾個我最喜歡的（也是分享在本書中的）出現在Liza Dalby對季節美好的回憶：「東風解凍」（East wind melts the ice）。Dalby, *East wind melts the ice*, p.287。

11. Deal, *Handbook to Life in Medieval and Early Modern Japan*, p.190.

12. Yamakage, *The Essence of Shinto*, p.29.

13. Ono, *Shinto*, p.97.

14. 山伏訓練請參見 http://yamabushido.jp/。

15. 資料來源：www.ncbi.nlm.nih.gov/pmc/articles/PMC4997467。擷取於2018年3月20日。

16. 資料來源：www.ncbi.nlm.nih.gov/pubmed/20074458。擷取於2018年3月20日。

17. Miyazaki, *Shinrin-yoku*, p.11.

18. Miyazaki, *Shinrin-yoku*, p.23.

19. Doi, *The Anatomy of Self*, p.159.

20. 1986年的明治維新復辟了天皇對日本統治的實權。雖然在此之前也有過執政的皇帝，但他們實際的權力和影響力都很有限。明治維新結束了250年稱為「鎖國」的時期，當時他們的國際關係政策使日本幾乎與外國影響力完全隔絕。明治維新導致日本政治與社會結構上的巨大轉變，進而急起直追西方科技。

第四章　吾唯足知：接受與放下

1. 對我說這句話的是京都春光院的副住職川上全龍。

2. Ostaseski *The Five Invitations*, p.116.

第五章　七倒八起：重新定位失敗

1. 完整的專訪可以在以下網址收聽：www.disruptingjapan.

com/the-myth-of-the-sucessful-startup-failure-hiroshi-nagashima。

2. 關於更多光之館，請參見www.hikarinoyakata.com。

3. 「數寄屋造」或「數寄屋風格」是一種日本住宅建築風格。它的起源是茶室建築，後來指稱一種融入優雅、有格調品味的設計風格。其特徵為依據茶屋美學，使用天然材料。

4. 想了解更多建築細節，可參見 *Taschen, Living in Japan*, p.88。

第六章　與人的牽絆：陶養人際關係

1. 茶道的四大原則「和敬清寂」——和諧、敬重、清潔和空寂——是從茶道宗師千利休傳下來的。目前日本有三個茶道的千家╱族，分別為「裏千家」、「表千家」和「武者小路千家」。這三個流派是由千利休的孫子千宗旦的三個兒子所建立。我們在英文裡所稱的「the tea ceremony」（茶道）在日語裡有主要三個字詞。「茶の湯」（茶湯），字面上指「茶的熱水」，這個字是用來指泡茶與倒茶的動作。「茶道」在日語裡會念成「Sadō」或「chadō」，指茶之道。根據裏千家流派的講師濱名・布魯斯（Bruce Hamana）的說法，只知道茶湯技術上的細節，無法讓茶道成為了解自己與世界的方法。他告訴我：「不斷的訓練以及對賓客的體貼，可以幫助我們超越對物質的依賴。」他相信這種精神元素是

「茶道」的精髓。

2. 資料來源：www.urasenke.org/characters/index.html。擷取於2018年1月15日。

3. 副住職川上全龍也解釋了佛教裡「無我」的第二個意義，指「我們的自我對我們的身體與心靈沒有最終掌控權」的狀態。他分享例如靜坐的時候，我們專注於我們的呼吸，但是一段時間後，我們的心靈開始神遊。很類似這樣，他說這個「無我」意指我們無法阻止我們自己變老。

4. 資料來源：2018年一份來自曼徹斯特都會大學與第42街（the 42nd Street），由Coop Foundation贊助的報告：〈孤獨連繫了我們：年輕人探索與體驗孤獨與友誼〉（Loneliness Connects Us: Young people exploring and experiencing loneliness and friendship），https://mcrmetropolis.uk/wp-content/uploads/Loneliness-Connects-Us.pdf，擷取於2018年3月20日。

5. 資料來源：https://reliefweb.int/report/world/global-peace-index-2017。日本於2017年擠進前十名（並列第十名），另外是2015年（第八名）和2013年（第六名）。擷取於2018年3月22日。

6. 資料來源：www.telegraph.co.uk/travel/lists/most-peaceful-countries/japan。擷取於2018年3月22日。

7. 柏青哥是在日本很普遍的一種彈珠遊戲店。每一臺機器會朝多個方向發射上百顆小鋼珠，所以店裡機臺回收小鋼珠的聲音震耳欲聾，像是鍋子不停敲擊、乒乒乓乓的聲音。

第七章　人生行路：享受你的生涯之旅

1. 石見銀山名列聯合國教科文組織的世界遺產名單（參考
   資料：https://whc.unesco.org/en/list/1246。擷取於2018年4
   月9日），而大森町也列入聯合國教科文組織教育與永續
   發展計畫（www.unesco.org/new/en/media-services/single-
   view/news/big_experiment_in_sustainable_development_
   education_transfor。擷取於2018年4月9日）。

2. 正如同「慢食」運動是由卡羅・波特羅尼（Carlo
   Petroni）依據營養與美食的哲學所建立，永續與在地發
   起的「慢衣」也是一種思考我們購買與穿著衣服的方
   式，確保它們每天帶來意義、價值與喜悅，同時盡量降
   低它們在環境與社會挑戰方面的負面影響。

3. 「群言堂」是「石見銀山生活文化研究所」的生活風格
   品牌，由松場登美與她的夫婿松場大吉合作成立。詳
   見：www.gungendo.co.jp。

4. 在這裡可以見到建築內部：www.kurasuyado.jp/takyo-
   abeke。

5. De Mente, *NTC's Dictionary of Japan's Business Code Words*,
   p.196.

6. 「杖道」（杖之道）這種武術最早稱為「杖術」，於
   1940年改名。它是劍師夢想權之助於17世紀初發展出來
   的。資料來源：www.britishkendoassociation.com/jodo。
   擷取於2018年4月11日。

7. Sen, *Nihon no kokoro, tsutaemasu*, p.88.

8. 葛瑞騰（Gretton）與史考特（Scott）的《100歲的人生戰略》（*The 100-Year Life*）提供了這個主題最新證據的絕佳總結。

9. 資料來源：*Workforce of the future: the competing forces shaping 2030* (PwC report). Available from https://www.pwc.com/gx/en/services/people-organisation/workforce-of-the-future/workforce-of-the-future-the-competing-forces-shaping-2030-pwc.pdf。擷取於2018年4月2日。

10. 同前注。

11. 風呂敷是一種用來包禮物、食物或其他東西的傳統布。

12. 「日々是好日」可用日語念成「hibi kore kōjitsu」。

第八章　活在當下：珍惜此刻

1. 資料來源：UNDP http://hdr.undp.org/en/69206。擷取於2018年4月6日。

2. 資料來源：日本厚生勞動省，www.mhlw.go.jp/file/04-Houdouhappyou-12304250-Roukenkyoku-Koureishashienka/0000177627.pdf。擷取於2018年4月6日。

3. 資料來源：日本厚生勞動省，www.mhlw.go.jp/toukei/saikin/hw/life/ckts10/dl/02.pdf。擷取於2018年4月6日。

4. 資料來源：http://president.jp/articles/-/15634。擷取於2018年4月6日。

5. 資料來源：長野縣政府，www.pref.nagano.lg.jp/kenko-

fukushi/kenko/kenko/documents/saisyueiyaku.pdf。擷取於
2018年4月6日。

6. 資料來源：www.reuters.com/brandfeatures/venture-capital/
article?id=11480。擷取於2018年2月26日。

7. 資料來源：世界衛生組織2017年世界瘧疾報告（WHO
2017 World Malaria Report）www.who.int/malaria/
publications/world-malaria-report-2017/report/en。擷取於
2018年2月18日。

8. 由《週刊現代》雜誌評選，2017年12月9日發行。

9. 關於讓你的人生有條不紊的逐步講解指南，試試我的線
上課程：*How to be Happy, Calm, Organized and Focused*。
詳見：www.dowhatyouloveforlife.com。

後記　盡量嘗試

1. 資料來源：Raku (trans. Faulkner and Andō) *Chawanya*,
p.105。

2. 在日本，用來表示「幸福」最常使用的字是寫成「幸
せ」（音「shiawase」）。然而，當只顯示一個字時，例
如在廟宇裡的幸運符上，就寫「幸」，念成「sachi」。

日本旅遊參考

如果這本書激起你拜訪日本的興致，我會雀躍萬分！這裡有一些想法能幫助你準備這趟旅行。我個人更新的建議參訪地點，以及可做、可看的事，請參照這個網址：www.bethkempton.com/japan。

一定要在Instagram上標注我（@bethkempton），這樣我可以看看你的冒險之旅。

如何在日本旅行

· 帶著開放的大腦和開放的心。

· 出發前先學幾句日語──即使是一句打招呼的話都很有用，而認識幾個字可以增加你的信心。

· 練習使用筷子。

· 尊重當地的習俗：進室內前先脫鞋、不在公共場所擤鼻子、不亂丟垃圾、不用給小費、不在街上吃東西。

- 如果你在公共浴池或溫泉泡澡，進入澡池前要先沖洗。
- 一有機會就和當地人聊天。
- 若你有機會拜訪某人的家，隨身帶點小禮物。
- 日本大致上是一個安靜的地方。音量盡量放低，尤其是在寺院、神社或花園。
- 微笑，你正在冒險！

準備的祕訣

去一個你聽過的地方很誘人，但是很多的神奇與奧祕是藏在多人行走的路徑之外。如果你不確定你的旅程要從哪裡開始，可以試著找一個主題，從那裡開始。以下是幾個想法：

—— 從溫泉開始

全日本有上千座溫泉，很多是在偏遠的小鎮與村子，有些是在山裡，有些在海濱。它們全都能提供日本生活的真實體驗，對你的身體是一種愉悅，對你的心靈是一種療癒的經驗。你也可能體驗到溫暖的人情與令人驚喜的美食。如果你的預算能提供住宿，日式旅館（Ryokan）是一種很棒的奢侈。否則，試試住進一個當地的民宿或是Airbnb，然後去一處溫泉，當天來回，通常只要日幣幾百元。開始搜尋時，在Google鍵入「溫泉」（onsen），加上你想去拜訪的日本地區名，然後按「圖片」，從那裡面選擇。

—— 尋找美食

日本每一個縣、市、鎮都有特產，往往是某種食物。進行該國的美食家之旅、發現各種廚藝驚喜，可以是探索尋常路線之外的好方式。何不挑戰你自己去找最好吃的拉麵，或者去品嘗一些特定的山蔬？

——發現傳統手工藝

去找你有興趣的手工藝品。日本有些最好的陶藝品位於美麗鄉間的村鎮，可以作為健行或享受鄉間的好據點。

——滑雪／單板滑雪

日本有全世界最好的雪之一，而且滑雪道通常比歐洲的滑雪勝地空曠許多。此外，他們在滑雪場提供日本咖哩、溫泉和雪祭。試試看長野、北海道或藏王（位於山形縣與仙臺市之間）。

——租一間房子

住在一間傳統的日本房子裡，或者寄宿在一個家庭裡，會是一段美好的經驗。與其從甲地趕到乙地的舟車勞頓，考慮一下在某地住一陣子，好好認識當地，並想像你自己住在那裡。

——享有一段神奇奧妙之旅

出發前買一張JR周遊票（火車優惠票），閉上你的眼睛，把你的手指頭指在火車地圖上某個點，然後去那裡。看看你會發現什麼！

實用網站

www.bethkempton.com/japan——免費日本指南

www.jnto.go.jp/eng——日本國家旅遊組織

www.japan-guide.com——旅行計畫

www.hyperdia.com or Hyperdia app——火車時刻表

www.rometorio.com——兩地之間的旅行計畫

http://willerexpress.com/en——長途廉價巴士

www.co-ba.net──協力工作空間

www.japan-experience.com──可愛日本住家租屋

www.airbnb.com──租住家與公寓

nakata.net/rnp──中田英壽花費七年在日本各地旅行的日記。這個出色的資源介紹了日本最有靈感的工匠、清酒廠、手工藝品，以及可以停留的美麗地點

www.jisho.org──日語－英語翻譯。這個網站可以讓你寫漢字供翻譯

waygoapp.com──菜單翻譯

jpninfo.com──由日本人所寫的日本觀光客指南

taiken.co──觀光資訊更新

www.tofugu.com──關於日本的精采部落格

www.japan-talk.com──各種迷你旅行指南

www.japantimes.co.jp/japantoday.com/mainichi.jp/english──日本每日新聞

jetprogramme.org──如果你嚮往休長假或新的挑戰，有日本交流與教學計畫

en.air-j.info──日本線上駐地藝術家機會資料庫

有用的apps

旅行類：

Hyperdia

Navitime

Maps with Me

Tokyo Subway Navigation

Japan Taxi

美食類：

Gurunavi

語言類：

Imiwa

Yomiwa

其他類：

Yurekuru Call（地震訊息）

Line（即時通訊）

XE Currency Converter

72 Seasons

參考書目

English-language sources

Abe, Hajime, *The View of Nature in Japanese Literature* (Chiba: Tōyō Gakuen University Faculty of Humanities, 2011)

Anesaki, Masaharu, *Art, Life & Nature in Japan* (Tōkyō | Rutland, Vermont | Singapore: Tuttle, 1964)

Bailly, Sandrine, *Japan: Season by Season* (New York: Abrams, 2009)

Bellah, Robert N., *Imagining Japan: The Japanese Tradition and its Modern Interpretation* (Berkeley: University of California Press, 2003)

Castile, Rand, *The Way of Tea* (New York: Weatherill, 1971)

Channell, Sōei Randy, *The Book of Chanoyu* (Tōkyō: Tankōsha, 2016)

Chiba, Fumiko, *Kakeibo: The Japanese Art of Saving Money* (London: Penguin, 2017)

Claudel, Matthew, *Ma: Foundations for the Relationship of Space-Time to Japanese Architecture, Exhibition Catalogue* (New Haven: University of Yale, MA thesis, 2012).

Dalby, Liza, *East Wind Melts the Ice: A Memoir through the Seasons* (London: Chatto & Windus, 2007)

Davies, Roger J., *Japanese Culture: The Religious and Philosophical Foundations* (Tōkyō | Rutland, Vermont | Singapore: Tuttle, 2016)

Davies, Roger J. and Ikeno Osamu (eds), *The Japanese Mind: Understanding Contemporary Japanese Culture* (Tōkyō | Rutland, Vermont | Singapore: Tuttle, 2002)

De Mente, Boye Lafayette, *NTC's Dictionary of Japan's Business Code Words* (London: McGraw-Hill, 1997)

De Mente, Boye Lafayette, *NTC's Dictionary of Japan's Cultural Code Words* (London: McGraw-Hill, 1996)

Deal, William E., *Handbook to Life in Medieval and Early Modern Japan* (Oxford: Oxford University Press, 2007)

Doi, Takeo, *The Anatomy of Dependence* (Tōkyō: Kōdansha, 1973)

Doi, Takeo, *The Anatomy of Self: Individual Versus Society* (Tōkyō: Kōdansha, 1985)

Freeman, Michael, *Mindful Design of Japan: 40 Modern Tea-Ceremony Rooms* (London: Eight Books, 2007)

Gordon, Elizabeth (ed.), *House Beautiful* (May 1958, August 1960 and September 1960 USA editions)

Gratton, Lynda and Scott Andrew, *The 100-Year Life: Living and Working in an Age of Longevity* (London: Bloomsbury, 2017)

Halpern, Jack (ed.), *NTC's New Japanese- English Character Dictionary* (London: McGraw-Hill Contemporary, 1994)

Hearn, Lafcadio, *Gleanings in Buddha-Fields: Studies of Hand and Soul in the Far East* (London: Cape, 1927)

Hearn, Lafcadio, *Japan: An Attempt at Interpretation* (New York: Macmillan, 1904)

Hendry, Joy, *Wrapping Culture: Politeness, Presentation and Power in Japan and Other Countries* (Oxford: Clarendon Press, 1993)

Hisamatsu, Shin'ichi, *Zen and the Fine Arts* (New York: Kōdansha, 1982)

Holthus, Barbara G. and Manzenreiter Wolfram, *Life Course, Happiness and Wellbeing in Japan* (London: Routledge, 2017)

Hume, Nancy G. (ed.), *Japanese Aesthetics and Culture: A Reader* (New York: State University of New York Press, 1995)

Itō, Teiji (ed.), *Wabi Sabi Suki: The Essence of Japanese Beauty* (Hiroshima: Mazda Motor Corporation, 1993)

Joyce, James, *A Portrait of the Artist as a Young Man* (London: Penguin Classics, 2000)

Juniper, Andrew, *Wabi Sabi: The Japanese Art of Impermanence* (Tōkyō | Rutland, Vermont | Singapore: Tuttle, 2003)

Kawano, Satsuki, *Roberts Glenda S. and Long Susan Orpett, Capturing Contemporary Japan: Differentiation and Uncertainty* (Honolulu: University of Hawai'i Press, 2014)

Kenkō and Chōmei (trans. McKinney Meredith), *Essays in Idleness* and *Hōjōki* (London: Penguin Classics, 2013)

Kerr, Alex, *Another Kyoto* (Tōkyō: Sekai Bunka Publishing, 2016)

Kerr Alex, *Lost Japan* (London: Penguin, 2015)

Kōdansha International (eds), *The Kodansha Bilingual Encyclopedia of Japan* (Tōkyō: Kōdansha, 1998)

Kondō, Marie, *The Life-Changing Magic of Tidying: A Simple Effective Way to Banish Clutter Forever* (London: Vermillion, 2014)

Landis, Barnhill David, *Moments, Season, and Mysticism: The Complexity of Time in Japanese Haiku* (transcript of speech at ASLE conference at Wofford College, Spartanburg SC, 2007 available at www.uwosh.edu/facstaff/barnhill/es-244-basho/moments.pdf). Retrieved 12 April, 2018

MacDonald, Deanna, *Eco Living Japan* (Tōkyō | Rutland, Vermont | Singapore: Tuttle, 2015)

Matsuo, Bashō (trans. Reichhold Jane), *Basho: The Complete Haiku* (New York: Kōdansha, 2008)

Matsuo, Bashō (trans. Yuasa Nobuyuki), *The Narrow Road to the Deep North and Other Travel Sketches* (London: Penguin Classics, 1966)

Miner, Earl, *An Introduction to Japanese Court Poetry* (Stanford: Stanford University Press, 1968)

Miyazaki, Yoshifumi, *Shinrin-yoku: The Japanese Way of Forest Bathing for Health and Relaxation* (London: Aster, 2018)

Moeran, Brian, *Language and Popular Culture in Japan* (Manchester: Manchester University Press, 1989)

Mogi, Ken, *The Little Book of Ikigai* (London: Quercus, 2017)

Nelson, Andrew N. (ed.) *The Modern Reader's Japanese-English Character Dictionary* (Tōkyō | Rutland, Vermont | Singapore: Tuttle, 1993)

Okakura, Kakuzo, *The Book of Tea* (London: Penguin Random House, 2016)

Ono, Sokyō, *Shinto: The Kami Way* (Tōkyō | Rutland, Vermont | Singapore: Tuttle, 1962)

Ostaseski, Frank, *The Five Invitations: Discovering What Death Can Teach Us About Living Fully* (London: Bluebird, 2017)

Pilling, David, *Bending Adversity: Japan and the Art of Survival* (London: Penguin, 2014)

Reynolds, David K., *The Quiet Therapies: Japanese Pathways to Personal Growth* (Honolulu: University of Hawai'i Press, 1980)

Raku, Kichizaemon (trans. Faulkner Rupert and Andō Kyōko), *Chawanya* (Tōkyō: Tankōsha, 2012)

Richie Donald, *A Tractate on Japanese Aesthetics* (Berkeley: Stone Bridge Press, 2007)

Rousemaniere, Nicole (ed.) *Crafting Beauty in Modern Japan* (London: The British Museum Press, 2007)

Saitō, Yuriko, *Aesthetics of the Familiar: Everyday Life and World-Making* (Oxford: Oxford University Press: 2017)

Satsuka, Shiho, *Nature in Translation* (Durham: Duke University Press, 2015)

Sei, Shōnagon (trans. McKinney Meredith), *The Pillow Book* (London: Penguin Classics, 2006)

Stevens, John, *Three Zen Masters: Ikkyū, Hakuin, Ryōkan* (New York: Kōdansha, 1993)

Suzuki, Daisetz T, *Zen and Japanese Culture* (Princeton: Princeton University Press, 2010)

Takishita, Yoshihiro, *Japanese Country Style* (Tōkyō: Kōdansha, 2002)

Tanahashi, Kazuaki, *Sky Above, Great Wind: The Life and Poetry of Zen Master Ryōkan* (Boston: Shambhala, 2012)

Tanaka, Sen' ō and Tanaka Sendō, *The Tea Ceremony* (Tōkyō: Kōdansha, 1998)

Tanizaki Jun'ichirō, *In Praise of Shadows* (London: Vintage, 2001)

Taschen, Angelika (ed.), *Living in Japan* (Cologne: Taschen, 2006)

Ueda, Makoto, *Literary and Art Theories in Japan* (Ann Arbor: University of Michigan, 1991)

Van Koesveld, Robert, *Geiko and Maiko of Kyoto* (Sydney: Presence Publishing, 2015)

Williams, Florence, *The Nature Fix: Why Nature Makes Us Happier, Healthier and More Creative* (New York, Norton 2018)

Yamada, Shōji, *Shots in the Dark: Japan, Zen and the West* (Chicago: University of Chicago Press, 2009)

Yamakage, Motohisa, *The Essence of Shinto: Japan's Spiritual Heart* (New York: Kōdansha, 2006)

Yamakuse, Yōji, *Japaneseness: A Guide to Values and Virtues* (Berkeley: Stone Bridge Press, 2016)

Yamakuse Yōji, *Soul of Japan: The Visible Essence* (Tōkyō: IBC Publishing, 2012)

Yanagi, Sōetsu, *The Unknown Craftsman: A Japanese Insight into Beauty* (Tōkyō: Kōdansha, 1972)

Yokota, Nanrei, *Insights into Living: The Sayings of Zen Master Nanrei Yokota* (Tōkyō: Interbooks, 2016)

Japanese- language sources

Arikawa, Mayumi, *Nichijyō o, kokochiyoku* (Tōkyō: PHP, 2012)

Hayashi, Atsumu, *Tadashii kakei kanri* (Tōkyō: Wave, 2014)

Hibi, Sadao and Takaoka, Kazuya, *Nihon no mado* (Tōkyō: Pie Books, 2010)

Hirai, Kazumi, *Kisetsu o tanoshimu riisuzukuri* (Tōkyō: Kawade, 2012)

Jingukan (ed.), *Kurashi no shikitari jyūnikagetsu* (Tōkyō: Jingukan, 2014)

Korona, Bukkusu, *Washi no aru kurashi* (Tōkyō: Heibonsha, 2000)

Kunieda, Yasue, *Rinen to kurasu* (Tōkyō: Jakometei Shuppan, 2001)

Matsuba, Tomi, *Gungendō no ne no aru kurashi* (Tōkyō: Ie no Hikari Kyōkai, 2009)

Mori, Mayumi, *Kigyō wa sankan kara* (Tōkyō: Basilico, 2009)

Morigami, Shōyō, *Wabi sabi yūgen no kokoro: Seiyō tetsugaku o koeru jyōi ishiki* (Tōkyō: Sakuranohana Shuppan, 2015)

Natsui, Itsuki, *Utsukushiki, kisetsu to nihongo* (Tōkyō: Wani Books, 2015)

Okumura, Kumi, *Hibi, sensu o migaku kurashikata* (Tōkyō: Wani
Books, 2007)

Rari, Yoshio, *Flower Book* (Tōkyō: Rikuyosha, 2005)

Sekai, Bunkasha Mook, *Wafū interia ga kimochi ii* (Tōkyō: Sekai
Bunkasha, 2001)

Sekine, Yumiko, *Rinen wāku* (Tōkyō: Bunka Shuppankyoku, 2005)

Sen, Genshitsu, *Nihon no kokoro, tsutaemasu* (Tōkyō: Gentōsha,
2016)

Shinmura, Izuru (ed.), *Kōjien: Dai 5 han* (Tōkyō: Iwanami Shoten,
1998)

Shinmura, Izuru (ed.), *Kōjien: Dai 7 han* (Tōkyō: Iwanami Shoten,
2018)

Shufu no Tomo (ed.), *Shinrinyoku no mori hyaku sen* (Tōkyō,
Shufu no Tomo, 2010)

Shufu to Seikatsu sha (ed.), *Tegami no aru kurashi kokoro yutaka
na* (Tōkyō, Shufu to Seikatsu sha, 2008)

Suzuki, Sadami et al., *Wabi sabi yūgen: Nihonteki naru mono e no
dōtei* (Tōkyō, Suiseisha, 2006)

Taki, Seiko, *Zakka no yukue* (Tōkyō, Shufu no Tomo, 2001)

Uchida Shigeru, *Interia to nihonjin* (Tōkyō: Shobunsha, 2000)

X-Knowledge, *Chiisana ie de tanoshimu sutairu no aru kurashi*
(Tōkyō: X-Knowledge, 2015)

Yazaki, Junko, *Dezain to monozukuri no suteki na oshigoto* (Tōkyō:
Bug News Network, 2009)

Yoshio, Akioka, *Shinwafū no susume* (Tōkyō: Kosei Shuppan,
1989)

Yuki, Anna, *Jibun o itawaru kurashigoto* (Tōkyō: Shufu to Seikatsu sha, 2017)

Yumioka, Katsumi, *Kimono to nihon no iro* (Tōkyō: Pie Books, 2005)

侘寂：追求不完美的日式生活美學／貝絲‧坎普頓 Beth Kempton
著; 游淑峰 譯一一版.-- | 臺北市:時報文化, 2020.7; 面 ; 21*13公分. --
|（生活文化；064）| 譯自：Wabi Sabi: Japanese Wisdom For a
Perfectly Imperfect Life | ISBN 978-957-13-8260-9（平裝）| 1.生活
態度 2.日本美學 | 180 | 109008623

ISBN：978-957-13-8260-9

Printed in Taiwan

生活文化 064

侘寂：追求不完美的日式生活美學

Wabi Sabi: Japanese Wisdom For a Perfectly Imperfect Life

作者：貝絲．坎普頓（Beth Kempton）｜**譯者：**游淑峰｜
主編：湯宗勳｜**編輯：**文雅｜**美術設計：**陳恩安｜**企劃：**
王聖惠｜**董事長：**趙政岷｜**出版者：**時報文化出版企業股
份有限公司／108019台北市和平西路三段240號1-7樓／**發
行專線：**02-2306-6842／**讀者服務專線：**0800-231-705；
02-2304-7103／**讀者服務傳真：**02-2304-6858／**郵撥：**
1934-4724 時報文化出版公司｜**信箱：**10899台北華江橋郵
局第99信箱｜**時報悅讀網：**www.readingtimes.com.tw｜**電
子郵箱：**new@readingtimes.com.tw｜**法律顧問：**理律法律
事務所／陳長文律師、李念祖律師｜**印刷：**勁達印刷有限
公司｜一版一刷：2020年7月17日｜一版五刷：2023年9月5
日｜**定價：**新台幣400元

時報文化出版公司成立於一九七五年，並於一九九九年股票上櫃公開
發行，於二○○八年脫離中時集團非屬旺中，以「尊重智慧與創意的
文化事業」為信念。